プロ野球 奇跡の逆転名勝負33

米谷紳之介
Shinnosuke Kometani

彩図社

まえがき

野球場に行ったら、いつも見たいと願っているものが3つある。ランニングホームランと三塁打と逆転劇だ。

ランニングホームラン。これはめったにお目にかかれない。どのくらいの確率で出るものか正確な数字は知らないけれど、おそらく年間数本程度だろう。何しろ個人の通算記録は木塚忠助（南海）と杉山悟（中日他）の5本がトップである。だから、2016年に楽天のルーキー茂木栄五郎が1シーズンで2本打ったのは快挙だと思うし、その瞬間に居合わせた人は幸せである。残念ながらぼくは一度として遭遇していない。

テレビ中継だったが、2007年のメジャーリーグのオールスターでイチローがランニングホームランを打ってホームに涼しい顔で還ってくる姿は痛快だった。

今でもインターネットの動画サイトで見られる長嶋茂雄のランニングホームランも格別だ。1958年の日本シリーズ第7戦最終回。西鉄の日本一がほぼ見えている場面で、長嶋が稲尾和久からセンター左に放ったライナー性の打球を、前にダッシュして捕ろうとした西鉄の高倉照幸が後逸してしまう。その間に長嶋は一塁から二塁、二塁から三塁、さらに三塁からホームへと猛然と走ってくる。フィニッシュはタッチアウトの意思がまるでないキャッチャーが立っているホームベースへの果敢なスライディング。モノクロ映像のせいか、黒澤明の時代劇で駿馬が駆けているような迫力に何度見てもゾクゾクさせられる。

バッターの走力、敵陣の守備力、打球の方向や転がり方、球場の広さ……。さまざまな要因が重なって生まれるという点では三塁打も同様だ。守る野手はわずかな時間のなかでボールの中継とカバーのために動き、打者は二塁に留まる道を選ぶことなく、三塁ベースに向かって冒険を試みる。三塁打はグラウンド上の敵と味方が限りなく躍動する時間である。

ランニングホームランより見る機会は多いとはいえ、個人の通算ホームランの日本記録が868本なのに比べて、三塁打は115本（福本豊）でしかないことがその希少価値を証明している。あるいはホームランの連続試合記録は王貞治とランディ・バースの7試合だが、三塁打は長嶋が1960年にマークした4試合連続が今も日本記録である。同じ年に長嶋は高めの敬遠球を大根切りのようなスイングで叩き、ランニングホーマーにしてしまうという離れわざもやってのけているのだから、いったいこのプレーヤーの全盛期はどれだけ魅力的だったのだろう。タイムマシンが存在するなら、乗って見に行きたい。

さて、3つ目の逆転劇である。

先に点を取ったチームに対し、その後1点でも多く得点すれば、逆転劇という言い方はできる。しかし逆転劇の醍醐味は、終盤の敗色濃厚な展開からのどんでん返しにある。分業制により7回以降は球威も実績もあるリリーフ投手が相次いで投げるため、昔に比べて8回、9回における逆転の可能性は低いかもしれない。ダジャレのようだけれど、分業制の確立で負けの確率を減らしたのが現代の野球である。それでも逆転は起こり得るし、逆転のカタルシスがあるから、ゲームセットの声を聞くまで試合を見続ける。それが野球ファンというものだ。

学生時代、野球にそれほど関心のない女性を球場に連れて行って、「野球って単調ね」と言われ、ムカッとしたことがある。しかしこの言葉は間違ってはいない。野球とは思いのほか単調なスポーツである。スコアボードには1以上の数字よりゼロが表示されることのほうが多く、バッターは7割以上の確率で打ち取られる。それでも均衡や安定はあっさり打ち破られ、勝てるはずのチームが敗れ、負けを覚悟したチームが予期せぬ勝ち星を手に入れることがある。負けている側の意思が確率を凌駕してしまう瞬間があるのだ。だから野球は面白い。

野球を表現する日本語は豊かだ。逆転劇はたとえばピッチャーが制球を乱し、リズムを狂わすことで始まる。その結果、試合を壊したピッチャーはマウンドから引きずり下ろされる。打線に火がつき、ホームランはスタンドに突き刺さる。ランナーは塁を盗む。守る側もランナーを殺そうと必死になる。「乱す」「狂う」「壊す」「引きずり下ろす」「火がつく」「突き刺す」「盗む」「殺す」といった危険な匂いのする行為が詰まっているのが、逆転を巡る攻防かもしれない。

ぼくがこれまでに遭遇した最大の逆転劇は1976年の日本シリーズ第6戦。5回表を終わって0対7とリードされた巨人が阪急の山口高志、山田久志を打ち崩し、延長10回裏にサヨナラ勝ちした一戦である。この勢いで巨人が3連敗後の4連勝で日本一になると誰もが思っていると、第7戦は足立光宏の老獪な投球で阪急が快勝。これなど土俵際に追い詰められた阪急のうっちゃり、大逆転劇である。勢いやムードを逆転したという表現も可能だろう。

つまり、逆転劇とは得点上のことだけではない。試合の流れや球場全体を覆う空気を大きく変えることも逆転に当てはまる。弱者が強者を倒すことも逆転である。

さらに、プロ野球には人生の大逆転劇もある。ケガや故障からの復活、不調という長いトンネルを抜けての復活もまた逆転劇だと思うのだ。それは長いペナントレースを通して、あるいはペナントレースが何度も繰り返されるなかで生まれる逆転劇である。

そんな広い視点で、というよりぼくの独断でとらえた逆転と復活のドラマを33本立てで構成したのが本書である。運よく当事者からの話を聞いたエピソードもあるし、記録や資料をベースに書いたものもある。記憶をたどり、資料にあたり、文章を書くことでプロ野球には汲めども尽きぬ物語の泉があることを、今あらためて認識している。なお、文中に登場する人物について敬称を略させていただいたことを最初にお断りしておきたい。

プロ野球　奇跡の逆転名勝負33　目次

【第一章】球史に刻まれた「逆転名勝負」

逆転名勝負01

【1959年6月25日】

長嶋茂雄 1

白黒から総天然色の時代へ
国民的英雄を生んだ天覧試合

プロ野球の80年を超える歴史は「長嶋以前」と「長嶋以後」で分けられるのかもしれない。経済白書に「もはや戦後ではない」という言葉が使われたのが１９５６年。長嶋茂雄が大学3年のときだ。東京六大学野球のリーグ新記録となる８ホーマーを放った１９５７年には国産初のカラーテレビが発表された。プロデビューした１９５８年の頃には白黒テレビ、洗濯機、電気冷蔵庫が三種の神器と喧伝されるようになっている。さらに、その翌年には当時の皇太子殿下と美智子様のご成婚ブームで、テレビは爆発的に普及していった。

野球を総天然色に変えた男

こうした戦後史とスーパースター長嶋の軌跡を重ねなくても、長嶋の鮮烈なデビューと全盛期を知る人は彼の出現がプロ野球界の風向きを一変させたと信じている。

今やプロ野球界の長老、関根潤三もその一人だ。

ぼくが関根の半生をまとめるために何度も取材したのはもう5年ほど前のことである。直近の記憶についてはかなりうろ覚えなのに昔の記憶は鮮明で、とりわけ長嶋についての話になると自分のことを語るよりも嬉しそうだった。

「ミスターの登場で、それまで白黒だった職業野球が総天然色のベースボールに一足飛びに変わったんですよ」

総天然色という表現がいささか古めかしいが、当時、テレビはまだ白黒。総天然色は映画のカラー化をアピールするために使われた言葉である。一般に日本初の長編総天然色映画は木下恵介監督の『カルメン故郷に帰る』とされる。公開は1951年だが、その後、すべての映画がカラーになったわけではない。50年代は白黒映画もまだ少なくはなく、長嶋のデビューと同じ年に公開された黒澤明の傑作『隠し砦の三悪人』も白黒だった。

ともあれ、白黒と総天然色の対比から長嶋登場の衝撃の大きさが伝わってくる。

「ぼくは縁あってミスターが現役を引退し、初めて監督をした年にヘッドコーチを務め、ヤクルトの監督になったときは彼の息子の一茂をドラフトで指名。そもそも、ぼくが近鉄から巨人に移籍した頃からお互いよく知る間柄ではあるけれど、ミスターのことは立教大学時代から注目していて、神宮球場にも足を運んでいました。これまで見たプレーヤーの中では文句なしに一番でしょう。何しろ、彼がグラウンドにいるのを見ているだけで、ワクワクしてくるんだから。攻守走のどれをとっても、もうピッカピカ。もし彼が20代でメジャーに行っていたら、イチロー以上に活躍したとしても少しも驚きません」

ピッカピカの輝きを記録も裏づける。ルーキーでいきなりホームランと打点の二冠王。もしベースの踏み忘れがなければ30本塁打に達し、打率・305、37盗塁でトリプルスリーも達成していた。このシーズンから6年連続で最多安打を記録し、この間に首位打者4回、本塁打王2回、打点王2回。盗塁も1シーズン平均24個。しかし巷間言われるように長嶋は記録だけの人ではない。大舞台になるほど破格の輝きを放つ記憶の人でもある。

「ミスターが歩む先には常に彼にふさわしい舞台が用意されているように見えたね。そこで当たり前のように活躍したんだから、まさに千両役者でした」

用意された〝最高の檜舞台〟

そんな千両役者に与えられた最高の檜舞台が、1959年6月25日の巨人対阪神戦。世に名高い天覧試合である。

仕掛け人は当時の巨人軍オーナーで読売新聞社主の正力松太郎だ。昭和天皇が皇居から後楽園球場のある水道橋方向の夜空を眺め、侍従に「あの灯りは何か」と尋ねられたという話を聞いた正力が宮内庁と交渉し、天覧試合を実現させたのだった。

そこには天皇陛下の権威によってプロ野球にお墨付きを与えたいという意図が透かし見えるが、試合は興業サイドの思惑などはるかに超える、世紀の名勝負となった。

先発は巨人・藤田元司、阪神・小山正明の両エース。

3回表に投手・小山のタイムリーで阪神が先制すると、5回裏にはここ2試合ヒットのなかった長嶋が小山のシュートをとらえ、レフトスタンドに運んだ。さらに坂崎一彦もホームランで続き、あっという間に2対1。対する阪神も6回表、3番・三宅秀史のタイムリーで同点に追いつくと、4番・藤本勝巳の2ランであっさり逆転する。

しかし巨人も黙ってはいない。7回裏に19歳のルーキー、王貞治の第4号2ランが飛び出し、ついに4対4。王、長嶋のアベックホームランは通算106回を数えるが、これが記念すべき第1回である。

ここで阪神は投手をやはり新人の村山実にスイッチ。すでに先発と抑えでフル回転していた村山は前日の巨人戦も二番手で登板し62球を投げ、4回をノーヒット、7奪三振に抑えている。それでもこの日ばかりは日本シリーズでもないのに連投を覚悟し、心中では秘かに小山が打たれるのを願うほどだった。村山に限らず戦中派の選手にとって、天皇陛下の前でプレーするのは格別な名誉だったのだ。

長嶋も前日は興奮し、眠れぬ夜を過ごしている。両者の対決は9回裏に訪れるのだが、実は勝負の分水嶺は8回表にあった。

藤田が制球を乱してノーアウトで四球による走者を2人出すと、阪神はセオリー通りにバントで送り、一死二、三塁。しかし、スクイズも予想されるこの場面で、ショートの広岡達朗がすっと二塁ベースに入ると、藤田が素早い牽制球。広岡、藤田の見事な連携により二塁走者を刺した。結局、阪神はこの絶好のチャンスを逃して無得点。もし、ここで阪神がリードしていたら、試合の流れは大きく変わっていたはずである。

このあと8回裏、9回表とゼロが続き、9回裏、先頭打者の長嶋が打席に入ったときには時計の針は9時10分を指していた。天皇、皇后両陛下はあと5分で退席する予定だった。こんな場面で登場してくる巡り合わせに長嶋の並外れた強運もある。

村山が投じた第1球は内角の速球。これが外れてボール。2球目のフォークボールに長嶋は手が出ず、ストライク。3球目のシュートをファウル。4球目、外角に落ちるフォークボール

1959年6月25日、プロ野球史上初の天覧試合となった巨人対阪神（後楽園球場）。9回表ノーアウト、カウント2-2からの5球目。長嶋は阪神・村山実の直球をとらえて左翼席に運ぶ。劇的なサヨナラ本塁打になった。（写真提供：産経ビジュアル）

を見送ってボール。

カウント2-2。長嶋は打席を外し、バットのグリップを指2本分だけ短く持ち替えた。次が勝負だと判断したのだ。運命の5球目は内角高め、ボール気味の速球。阪神バッテリーにしてみれば、決め球のフォークボールへの伏線だった。これを長嶋はフルスイングし、打球はぐんぐん伸びて、ポールを巻くように左翼席上段に吸い込まれた。万雷の拍手のなかを長嶋がベースを回り、村山はがっくりとうなだれ、ベンチへ引き揚げていく……。

「あれはファウルや」と、その後主張し続けた村山だが、このとき抗議しなかったのは「陛下の前でぶざまなことはできない」との思いからだった。このシーズン、村山は長嶋と26打席対戦しており、被安打はわずかに3本。しかし、その3本すべてがホームランだった。二人の意地が火花を散らした光景が数字の向こうに見えてくる。

歴史的な天覧ホーマーから1週間後の7月2日。今度は後楽園球場の巨人対大洋戦でプロ野球初のカラー中継が実施された。ここでも長嶋は当然のようにホームランをかっ飛ばし、文字通り総天然色のスターとなっていく。

プロ野球はテレビの普及と高度経済成長を背景に「長嶋以後」の時代を確実に歩み始めたのである。

逆転名勝負02

【1985年4月17日】

阪神タイガース 1

実は冷や汗ものの試合だった伝説のバックスクリーン3連発

筋金入りのタイガースファンとして知られる作家の逢坂剛に「プロ野球の名勝負」をテーマにインタビューしたことがある。

逢坂によれば野球とは群像劇だ。一人のスーパースターの存在を中心に物語が進んでいくのではなく、チームを構成するメンバー一人一人の力が重なり合って大きな流れが形成されていく。とくに群像劇の醍醐味が味わえるのは味方にも敵にも点が入り、追いつ追われつの展開になったゲーム。味方の主力選手だけではなく、脇役や敵の選手も躍動するなかで誰も予想もしていない結末が用意されている試合こそが名勝負だという。

「人によっては0対0、1対0の息づまる投手戦こそ名勝負だと言うかもしれない。そこに純文学的な野球の面白さ、哲学的な野球の愉しみを見いだす人もいるでしょう。でも、私にとってのプロ野球は大衆文学。両チームが点を取り合い、結果としてスコアが8対7、9対8となるような乱打戦、しかも筋書きのないドラマと言うにふさわしいようなゲームが好きですね。ハラハラドキドキしながら贔屓のチームが勝つのが理想です（笑）」

逢坂がそんな名勝負の代表として挙げるのが、1985年4月17日、甲子園球場で行われた阪神対巨人の伝統の一戦である。

衝撃のバックスクリーン3連発

この年は130試合制だったこともあり、開幕は4月13日と遅かった。阪神は広島との開幕戦を屈辱の隠し玉もあってサヨナラ負け。しかし2戦目は8対7と乱打戦を制した。

こうして4月16日から甲子園での対巨人3連戦を迎えるのだが、初戦は運も味方した。1点ビハインドの4回裏、二死一塁で佐野仙好《のりよし》は平凡なショートフライ。誰もがこれでチェンジかと思ったところ、ショートの河埜和正が芝に足を取られて転倒し、まさかのエラー。一塁ランナーの岡田彰布が好走塁を見せ、一気にホームに還って同点。この後も平田勝男のタイムリー、木戸克彦の2ラン、さらに真弓明信が3ランと打ちまくり、一挙7点。阪神は10対2の快勝。

あとから振り返れば、伝説の名勝負を盛り上げる前夜祭のような試合であった。

翌17日、両チームの先発は阪神が工藤一彦、巨人が槙原寛己。試合は1回表、巨人がウォーレン・クロマティの2ランで先制し、阪神もその裏、岡田のタイムリーで1点。巨人は7回にも中畑清の犠牲フライで追加点を挙げ、3対1とリードを広げた。

マウンドの槙原はプロ4年目の21歳。当時、150キロ超えのボールを投げる数少ない剛速球ピッチャーである。前年には155キロという当時の日本最速もマークしている。この日も快調に飛ばし、阪神打線を6回まで力で抑え込んだ。

7回裏は先頭の木戸がセンター前ヒットで出塁し、代打の長崎啓二がライトフライ。一番の真弓は四球で歩いたものの弘田澄男はレフトフライに倒れ、二死一、二塁。ここで打席に入ったのがランディ・バースである。前年に打率・326、27本塁打を記録している主砲も、開幕からここまで15打数2安打。この日も槙原の前に2打席連続で凡退。3回裏無死一塁の場面ではシュートをひっかけ、二塁ゴロで併殺打に打ち取られていた。

槙原がこの場面で初球に選択したのもそのシュートだった。ところが、これが打ちごろの棒球となり、ど真ん中へ。バースのバットがジャストミートした打球は低い弾道を描き、バックスクリーンを直撃した。逆転3ランである。

続く四番の掛布雅之は初球のカーブをあっさり見送り、2球目のストレートにも手を出さない。カウント1‐1。槙原が渾身のストレートを真ん中高めに投じると、掛布は上からバットをかぶせるように叩きつける。高々と上がった打球はバックスクリーンの左に飛び込む連続アーチとなった。

この段階ですでに甲子園球場は異様な熱気に包まれ、声援が地鳴りのように響き渡っている。スタンドのファンが期待するのは五番・岡田の一発だ。この日は槙原から2安打し、クリーンアップで唯一タイミングが合っていた。しかし狙ってホームラン、それもバックスクリーンまで打球を運ぶのは至難の業である。岡田は冷静に相手バッテリーの配球を読んだ。「ストレート系のボールが続いたから、次はスライダー」、そう信じた。

カウント0‐1からの2球目。読み通りの真ん中からやや外寄りに入ってきたスライダーだった。岡田がバットを振り切ると、打った瞬間、ホームランと分かる大きな当たりだった。それも岡田らしいレフトスタンドへの一発ではなく、一直線にバックスクリーンへ。センターのクロマティは何もすることなく、フェンスの前で打球を見上げるだけだった。

この3連発を今インターネットの動画サイトで見ても、奇跡に遭遇しているような気分になる。まるでそこに巨大な磁場でも存在しているかのように3つの打球が次々と甲子園球場のバックスクリーンへ吸い込まれていく。

打たれた槙原は著書『パーフェクトとKOのあいだ』（光文社）でこう語っている。

1985年4月17日、阪神対巨人の三回戦。7回裏に、三番・バース、四番・掛布、五番・岡田が巨人・槙原よりバックスクリーンへの三者連続ホームランを放つ。甲子園球場はまるで優勝したように沸き返った。（写真提供：産経ビジュアル）

「その昔、江本孟紀さんが広島戦でKOを食らった際、阪神ベンチに戻るのが恥ずかしくて、マウンドを降りるとき広島ベンチ方向に歩いて行ったと聞きます。その心境でしたよ、僕も。王監督の鬼の形相を見たら阪神ベンチのほうに帰りたいくらいでした」

巨人にもあった3連発のチャンス

槙原の顔は生気がなく、夢遊病者のようにも見えたが、試合はこれで幕を閉じたわけではなかった。だから名勝負だったのだと逢坂剛は語る。

「3連発の華々しさだけがクローズアップされていますが、実は阪神にとってかなりきわどい試合でもあったんです。そこのところが見逃されている。案外、阪神ファンも最終回の巨人の攻撃を忘れている人が多いですね」

先発の工藤の後を受け、7回からはリリーフ左腕の福間納がマウンドに上がった。その福間が9回表、巨人打線につかまる。

いきなり三番・クロマティ、四番・原辰徳の連続ホームランが飛び出し、たちまち1点差。ここでピッチャーは福間から中西清起に交代する。五番・中畑がホームラン性の大ファウルを放つと球場には悲鳴が漏れた。その直後に中畑が真芯でとらえた打球はレフトへ痛烈なライナーとなって飛ぶ。瞬間、「やられた……」「よし同点だ……」と、阪神ファン、巨人ファンそれぞれの思いが交錯したはずである。しかし、弾道は低く、打球はレフトの佐野のグラブに収まった。中西は後続の吉村禎章と駒田徳広を連続三振に抑え、阪神が6対5で逃げ切った。

もし中畑の打球がもう少し高く上がりフェンスを越えていたら、阪神のバックスクリーン3連発に対し、巨人もクリーンアップ3連発で応酬するという壮絶なゲームとなっていたわけである。これぞ最後の最後までハラハラドキドキの名勝負。大衆文学たるプロ野球の真骨頂とも言うべき名試合だった。

そして、この日を境に猛虎打線は噴火を続けた。

バースは圧倒的な数字（打率・350、54本塁打、134打点）で三冠王に輝き、阪神には掛布、岡田、真弓を含め30本以上の打者が4人も出現した。チーム本塁打219本。チーム打率・285。この空前の破壊力が、先発陣で2ケタ勝利はわずか一人、チーム防御率4・16という投手力を補って余りあったのが1985年の阪神である。

夏頃からタイガース・フィーバーは全国に波及し、甲子園だけでなくビジターの球場も黄色に染めてしまった。その勢いは広岡達朗監督率いる西武をも飲み込み、ついには2リーグ制後初の日本一にまで上りつめたのだった。

逆転名勝負03

【1956年3月25日】

杉下 茂

真っすぐ狙いの打者に真っすぐ勝負
球史に残る一発はこうして生まれた

「今は猫も杓子もフォーク、フォークって、高校生でもフォークボールを投げるけど、ほとんどはスプリット・フィンガー・ファストボール。ぼくのほかにフォークらしいフォークを投げたのは村山実、村田兆治、野茂英雄、佐々木主浩くらいじゃないかな」

　こんな話を伝説のフォークボーラー、杉下茂がしてくれたのは彼が91歳のときである。会って最初に感じたのは背筋がピシッと伸びた立ち姿の凛々しさだった。

　よく年をとると背骨の変形などにより背が縮むといわれるが、杉下茂にはこれがまったく当てはまらない。現役時代の182センチと今も変わらないのではないか。聞けば、週に1度はゴルフをしていて、今もドライバーで200ヤードは飛ばすという。毎年、解説者として沖縄のキャンプに足を運んでいるし、この日も取材場所のホテルに一人でぶらっと現れた。

数年前、一つ年下の関根潤三が、

「あの人は化け物ですから。昔からず〜っと変わりません」

と話してくれた意味が少しわかるような気がした。

確かめたかったのは杉下の指の長さである。これまで本や雑誌で読んだ限りだと、中指は15センチとも16センチとも書かれている。残念ながらメジャーを忘れたため計測はしていないのだが、持参した硬式ボールを持ってもらうと、中指と人差し指で楽々つまむことができる。それどころかV字に広げた指の第2関節のあたりをボールは指に触れることなく楽々通り抜ける。つまり、指が長いだけでなく、それくらいV字が開くのだ。

名打者が恐れた杉下の〝魔球〟

この手から投げられるフォークボールがどれほど凄い魔球であったかは、対戦相手の強打者の言葉が証明している。「打撃の神様」とも言われた巨人の川上哲治が「キャッチャーが捕れないボールを打てるはずがない」と弱音を吐き、夢に杉下のフォークボールが出てきたというのは有名な話である。

川上とクリーンアップを組んだ、本塁打王5回の青田昇も自著『サムライ達のプロ野球』（ぱる出版）にこう書いている。

「杉下のフォークはまずいったん速球のようにグーンとホップしてくる。それが左の肩口あたりへ来て、急にグラグラと左右へ三回ほどゆれながらガクンと急降下する。このホップとゆれ、これが誰もまねできない。投げた当人が、どう変化するのか、全く予測がつかないというのだから、捕手も捕るのが容易でない」

「十六年にわたるプロ野球生活の中で何百人という投手と対戦してきたが、これだけは絶対打てんと思ったボールは、たった一つしかない。それは杉下茂のフォークボールである」

杉下もフォークボールは生涯で一度も打たれたことがなかったと断言する。

「あんなボール、どうバットを振ったって、かすりっこねえもん（笑）。当時、中日のキャッチャーだった河合保彦なんてフォークを捕り損ねて、どれだけ体にアザをつくったことか。フォークが来ると分かっていたって、なかなか捕れなかったんだから。そういやあ、ランナー三塁で、フォークで空振りさせて三振を奪ったのに、キャッチャーがボールを捕れずに、それが決勝点になった試合もあった。だから、あまり調子に乗って投げないほうがいいんだよ（笑）。バッターにいつ来るか、いつ来るかと意識させる。それだけで十分効果があった」

こんな魔球を持ちながら、杉下はめったに使わなかった。それはキャッチャーが捕れないか

1956年のキャンプで笑顔を見せる杉下茂（中央、左は石川克彦投手、右は徳永喜久夫投手）。中日在籍10年で211勝をマーク、54年の日本シリーズでは7試合中5試合に登板し、4試合で完投するなど伝説的な記録を残す。(写真:産経ビジュアル)

らだけではなく、ピッチングスタイルに杉下ならではの美学を求めたからだ。理想はあくまで「相手バッターが一番得意とするボールを投げて打ち取ること」。そして、そのために球史の残る痛烈な一発を浴びた。

１９５６年3月25日、巨人の樋笠一夫に打たれた史上初の代打逆転満塁サヨナラホームランがそれである。

真っ向勝負を望むエースの心意気

樋笠は2リーグ分立の１９５０年に広島に入団。この時点ですでに30歳だったが、クリーンアップを任されると、21本塁打、72打点の活躍を見せた。シーズン終了とともに一度は退団し、友人と醤油製造の事業を始めるのだが、翌年の6月、巨人の熱心な誘いに応じて球界に復帰。以後は代打男として名を馳せるという風変わりなキャリアの持ち主である。

杉下と樋笠の対戦成績は通算打率・２１１。しかし、杉下は幾度も樋笠にいい場面で痛打を食らっている。広島時代の１９５０年には初回の3ランで黒星をつけられているし、翌年、巨人での初出場になった試合でも代打ホームランを浴びた。さらに１９５２年には9回二死満塁で代打逆転タイムリー、１９５４年にも6回の逆転3ランで苦い敗戦を喫している。

実は樋笠はフォークどころか、変化球はまるで打てなかった。その代わり、ストレートにはめっぽう強い。変化球打ちを克服できずに悩んでいるとき、「自分の長所を生かすことを考えろ」とアドバイスしたのが川上だった。以来、打てないボールを狙うのではなく、自分が打てるボールを狙うようになった。要するに全球ストレート狙いを貫いたのである。

杉下はそんなバッターに対して、ストレートだけで勝負したのだから、美学や理想の追求に妥協がない。いや、なさすぎる。まったく監督泣かせの投手である。

さて、問題の巨人対中日の試合は9回無死一、二塁となったところで、杉下がリリーフのマウンドに上がった。得点は3対0で中日がリード。ここで併殺かと思われた広岡達朗のゴロをショートの岡嶋博治がハンブルして無死満塁。続く藤尾茂が三振に倒れ一死となり、水原茂監督が告げた代打が樋笠だった。

もちろん、杉下はストレート勝負である。1球目空振り、2球目ボール。そして3球目に投じたストレートを樋笠は左中間スタンドに叩き込んだのだった。

「樋笠はカーブを投げておけば安全パイだというのは承知のうえ。でもストレートしか打てないヤツにカーブで勝負しても、ちっとも面白くない。逆転満塁サヨナラホームランは今でも憶えているよ。真ん中高めのボールを大根切りのようなスイングで打たれた。すぐにホームランだと分かったから、打球の行方も追わなかったな。打たれてクヨクヨするのはぼくの性分じゃないから。次にまたストレートで三振を奪えばいい、そう思っていたよ」

樋笠との勝負に一片の後悔もないのである。

杉下が本気でフォークボールを多投したのは3度目の沢村賞に輝いた1954年だけである。それもペナントレースで投げた相手は巨人の川上、青田ら強打者だけだった。この年、明治大学時代の恩師でもある天知俊一が中日の監督として復帰しており、なんとしてでもチームを優勝させたかったのだ。杉下は32勝12敗、防御率1・39という抜群の成績を残しているが、11勝は宿敵巨人から挙げたものである。

西鉄との日本シリーズも7試合中5試合に登板。4完投で3勝をマークし、MVPに輝いた。豊田泰光、中西太、大下弘といった主力打者には第1打席からフォークを見せることで、その幻影に怯えさせた。基本はストレート勝負だった。

当時、まだ二軍暮らしをしていた野村克也はスタンドでシリーズを観戦しており、そのときの印象をこう語っている。

「シリーズ前は強い西鉄相手に中日は1勝できればいいと予想していた。ところが、杉下さんの前に西鉄の強打者連中が手も足も出ない。格が違うとはこういうことを言うんだろうね。プロ野球にはとんでもないボールを投げる投手がいると教えられたよ」

逆転名勝負04

【1989年8月12日】

落合博満

90年代最強のエースを粉砕した一発
まさに「野球はツーアウトから」

プロ野球選手にはアルチザン（技術者）とアーティスト（表現者）の2つのタイプがいる。アルチザンはプロと呼ぶのにふさわしい技術や技量、あるいは身体能力でチームの勝利のために尽くすプレーヤーで、ほとんどのプロ野球選手はこのタイプに当てはまる。

アーティストはチームという組織の勝利のためにプレーするのはもちろんなのだが、組織の思惑や目的、勝利や敗北という価値観を易々と超えて自分の世界を表現してしまうプレーヤーである。その代表が長嶋茂雄だ。王貞治はアルチザンとアーティストの両面があるが、同じ時期、自由奔放に自分を表現していた長嶋と比較すると、その求道者のようなプレースタイルはどうしてもアルチザンに映ってしまう。

野球にはホームランアーティストという言葉もある。アーチ（ホームラン）とアーティストをかけた造語なのだけれど、これもアーティストという言葉に焦点を当てれば、本当にホームランアーティストと呼べるプレーヤーは少ない。

田淵幸一がホームランアーティストの典型だった。ボールを打ち上げた瞬間にバットが宙を舞う美しさ。気持ちよさそうにバットを振り抜いた打球がスタンドまで描く官能的な放物線。ホームランの快感で観客を酔わせた田淵に比べると、田淵より数多いホームランを放った山本浩二や衣笠祥雄は残念ながらアーティストには見えない。

最近では大谷翔平だろうか。軽々とフェンスのはるか上を飛んでいく白球の爽快感がたまらない。個人的にはもし二刀流を捨てるときが来たときは野手を選択してほしいと思う。

ピッチャーでアーティストと言えるのは江川卓、江夏豊、山田久志、野茂英雄あたりだろうか。金田正一、稲尾和久、杉浦忠にもアーティストの匂いを感じるが、ぼくは全盛期を知らない。そう、匂いなのだ。オーラやフェロモン、華、雰囲気と言ってもいい。アーティストは大観衆に囲まれたグラウンドで、自分にしか出せない独特の匂いを放つのだ。

落合博満はそんな意味で本物のアーティストだった。

何よりも窮屈な組織から解き放たれた、自由な流浪者のような佇まいがいい。しょせんバッターとはどんなに打っても3割そこそこ。日本のプロ野球で生涯打率（4000打数以上）が

３割２分を超えるプレーヤーはいないのだ。つまり７割は悔しい思いをしている。プロであるなら、その７割をどう表現するかである。長嶋はユルいヘルメットを被り、そのヘルメットを飛ばして空振りでさえ観客を魅了した。これに対し、落合の表現力が発揮されたのは見逃しの三振である。悔しさを微塵も見せず、まるで「こんなボールを打っても少しも嬉しくない」と呟いているようだった。

あるいは三振だけでなく、アウトになった一打が次に待つドラマの伏線ではないかと思わせるような雰囲気が落合にはあった。凡打にも味わいや奥行きを感じさせたのである。

巨人の絶対的エース対不世出の天才打者

そんなアーティスト落合の凄味がグラウンドの景色を変えてしまったのが、１９８９年８月12日の中日対巨人戦である。

落合はロッテから中日に移籍して3年目。セ・リーグの野球にもようやく慣れ、40本塁打を放って打点王（１１６打点）を獲得したシーズンだった。

巨人の先発は藤田元司監督の下、この年から先発ローテーションに復帰し20勝を挙げた斎藤雅樹。約１カ月前の７月15日には11試合連続完投勝利の日本記録も達成している。

試合は斎藤とこの年巨人から移籍し20勝を挙げることになる西本聖の投手戦で7回を終わって両チームとも無得点。8回に川相昌弘のタイムリーで均衡が破られると、9回表にはクロマティと原辰徳にソロホームランが出て巨人が3点をリードした。

試合の趨勢が決まったかに見えても、ナゴヤ球場に緊迫した空気が流れていたのは、斎藤が8回を投げ終えた時点でフォアボールとエラーの走者を許しただけのノーヒットノーラン・ピッチングを続けていたからである。

巨人のエースは斎藤ではない!?

9回裏、中日は八番・中村武志が空振りの三振に倒れ、大記録まであと2人。ここで、星野仙一監督はこの日二軍から上がってきたばかりの音重鎮を代打に送る。音は期待に応えて、初球をライト前に弾き返す。達成すれば巨人史上10人目となるノーヒットノーランの夢がこの瞬間、泡と消えた。

それでも斎藤は落ち着いた投球で続く彦野利勝をセカンドフライに打ち取り、二死。万事休すと思われたが、二番の川又米利がフォアボールを選んで一、二塁。さらに三番の仁村徹が「落合さんにつなげば、何とかなる」との思いでライト前にタイムリーヒットを放ち、3対1と2

点差に迫る。こうなると、すっかり意気消沈していたスタンドの中日ファンも息を吹き返し、にわかに活気づいた。

打席には四番・落合。もちろん、ここまで3打席凡退に倒れているわけだが、落合にはどこか斎藤を見下ろしているような雰囲気があった。当時、巨人の投手陣を支えた先発3本柱と言えば、槙原寛己、斎藤雅樹、桑田真澄。中日時代の落合が3人のうちエースと認めていたのはマウンドで表情を変えず、ふてぶてしい態度で投げる桑田だった。斎藤についての印象を著書『落合博満バッティングの理屈』（ダイヤモンド社）にこう書いている。

「実力や実績は申し分のない投手だったが、体調がすぐれなかったり打ち込まれたりすると、視線が宙をさまよってしまうことなど、メンタル面でのひ弱さを感じさせる部分があった。だから、槙原と同じく、斎藤が巨人のエースだと感じていた選手もほとんどいなかった」

ノーヒットノーランも完封も逸している斎藤が落合の目にどのように映っていたかは分からないが、仕留める自信は間違いなくあったはずだ。初球を簡単に見送り、カウント1‐0。この日、斎藤が投じた125球目のストレートを叩くと、バックスクリーン右に突き刺さる逆転サヨナラ3ランとなった。

センター返しをバッティングの理想と考える落合らしい打球だった。普通はホームランを増やしたい場合、パワーをつけて飛距離アップを考える。しかし落合はセンター中心に広角に打ち分けることでホームランを量産した。例えば3度目の三冠王を獲った1986年の50本塁打の内訳はレフト29本、センター5本、ライト16本。見事に打ち分けている。

広角打法の原動力となったのは鍛え込まれた足腰だ。対戦チームのキャッチャーは落合の太ももとふくらはぎの太さに目を瞠った。並大抵のトレーニングで生まれた肉体でないのは一目瞭然。しかも打ったあとの足元の土の掘れ具合が他のバッターとはまるで違う。踏み込んだ左足の土が深く、鋭く掘れていた。

おそらくこのときもバッターボックスの前方には鋭く抉れた土の跡があったに違いない。どんな一打を放っても顔色一つ変えない落合が、この日ばかりは三塁ベースを回るとしわくちゃの笑顔で大歓声のなかをホームベースに還ってきた。

落合が導入されたばかりのFA制度を使って長嶋監督率いる巨人に移籍したのは、5年後の1994年。落合の斎藤雅樹に対する印象は一変する。

「特に、連敗している時や首位争いなど、今日は負けられないという大切な試合では無類の安定感を発揮した。そんな頼もしさを目の当たりにした私は、中日時代の印象を打ち消し、巨人の本当のエースが斎藤であったことを認識した」（前掲書）

アーティスト落合博満と、落合が認める90年代最強のエース斎藤雅樹。そんな二人が今度は味方として「10・8」の名で語り継がれる世紀の一番を戦うのだからプロ野球は面白い。

1989年8月12日、中日対巨人（ナゴヤ球場）。快投を続けていた巨人・斎藤雅樹を9回裏に打ち砕いた中日・四番の落合博満。普段はポーカーフェイスの落合が、珍しく満面の笑顔で仲間が待つホームベースに帰ってきた。（写真：産経ビジュアル）

逆転名勝負05

【1982年9月28日】江川卓

巨人ファンを進化させた負け試合で記憶される怪物

「江川ってやっぱり魅力的だよ」

80年代に居酒屋あたりでそんなことを言おうものなら、「えっ、どこが?」「ホントに江川のこと好きなんですか?」と、真顔で反応してくる人がいた。「オレ、江川が入団して巨人ファンを辞めたんだけどね」と不機嫌になる人も少なくなかった。

こうしたアンチ江川を公言する野球ファンのほとんどは今や50代以上になるのだが、それもこれも原因は例の「空白の一日」事件にある。

忘れもしない、1978年11月21日。キャンディーズが解散したのと同じ年に、巨人は野球協約にある「球団が選択した選手と翌年の選択会議開催日前々日までに選手契約を締結し、支配下選手の公示をすることができなかった場合、球団はその選手に対する交渉権を喪失する」という規約を盾に、江川と選手契約を結んでしまったのである。この年のドラフト会議は11月22日だったから、その前日なら、江川はどの球団とも契約することができるというのが巨人サイドのあまりに都合のいい言い分だった。

しかし、協約の盲点を突いたこんな詐欺まがいの理屈が通るわけはなく、他の11球団は巨人の主張に反発する。巨人がボイコットした翌日のドラフト会議で江川の交渉権を得たのは阪神だった。これで江川はまた1年浪人することになるのだろうと思っていたら、当時の金子鋭コミッショナーの「問題の解決はトレードで」という強い要望により、江川は一度阪神に入団し小林繁とのトレードというかたちで念願の巨人入りを果たしたのだった。

これ以降、江川は読売グループ以外のマスメディアを敵に回し、日本人の9割以上（おそらく）に嫌われてしまった。

負けてなお輝く不思議な男

今、江川の魅力をひと言で表現するのは難しい。ダーティーヒーローなどというのは月並みな表現だし、「怪物」と呼ばれた破格の才能を語るだけではその実像に焦点が合わない。とにかく見ていて面白い、見ていて飽きない、というのがぼくの実感で、その点では長嶋茂雄に近い。後楽園球場の株価まで上げてしまったと長嶋と、読売新聞の部数を減らした江川とでは世間の受け入れられ方はまるで正反対だが、少なくとも入団時の騒ぎの大きさは共通する。

江川のキャラクターの面白さがよく表現されていたと今でも思うのが、雑誌『ナンバー132号』の「がんばれ江川　君こそスターだ！」と題された特集である。1985年10月5日の発行だから、江川が引退する2年前だった。

ちょうどコピーライターブームの頃で、糸井重里が家元を務める萬流コピー塾（『週刊文春』で連載）の塾生（投稿者）が江川のさまざまな写真に当意即妙のコピーを載せていて、これが今読んでも実におかしい。

真剣な表情でベースを回る江川の写真には「前半に点を与えて味方打線に喝を入れる」。完封勝利後、グラウンドでキャッチャーの山倉和博や一塁手の中畑清と握手する写真には「みんなで俺の生活を盛り上げてくれ」。

打球を避けてグラウンドに倒れた写真には「この土地はもらった」（思えば江川は不動産や株といった財テクぶりが話題になった最初のプロ野球選手でもあった）。

他にも「掛布を使って、外野スタンドのファンにボールを贈った」とか、「足を洗う前に手を抜く」といった秀逸なコピーが並んでいる。こんな、ある意味では非常に高度な楽しみ方ができるプロ野球選手はそれまでいなかった。

それともう一つ、江川は負けることでファンの脳裏に刻まれた不思議なピッチャーだった。現役9年間で通算135勝72敗。年平均で15勝8敗。負けの少ない、つまり勝ちが計算できるピッチャーなのは明らかだが、少ない負けのなかにこそ江川の真価もあった。

しかも、負けて記憶されるのはプロに入ってからのことではなく、「怪物」という言葉がマスコミを賑わせ始めた作新学院時代からそうだった。

1973年春のセンバツには23戦全勝、113回無失点という地方大会での驚異的な記録をひっさげて登場した。初戦から剛腕は唸り、相手の北陽高校の打線がバットに当てるだけでスタンドからはどよめきが起こった。この試合を19奪三振で完封勝ちすると、続く2試合も7回10奪三振、9回20奪三振の快投。しかし準決勝は広島商の足を絡めた攻撃に苦しめられ、5回にポテンヒットで同点に追いつかれる。さらに、8回二死からダブルスチールとエラーで決勝点を与え、1対2で敗れた。

夏も栃木県予選では5試合のうち3試合でノーヒットノーラン、打たれたヒットはわずか2本だけだった。甲子園では最初に柳川商と当たり、延長15回219球を投げ抜き、23奪三振。しかし2回戦の銚子商戦が最後の試合となった。雨で制球を乱し、延長12回、一死満塁から押し出しでサヨナラ負け。降りしきる雨のなかをマウンドに呆然と立ち尽くす「怪物」の姿は今もぼくの脳裏に焼きついている。

法政大学進学後は六大学歴代2位となる47勝（12敗）を挙げるのだが、そんな記録より最初に黒星を喫した相手が東大だった事実のほうがはるかに江川らしさを感じさせる。

ファンの記憶に残る2つの逆転劇

プロ入り後も、江川の「記憶に残る負け試合」は続いた。

1979年6月2日、江川は2カ月の謹慎期間を経て、因縁の阪神戦でプロ初登板を果たした。しかしテレビ視聴率36・4パーセントと全国の野球ファンが注目したこの試合で、江川は3発のプロの洗礼を浴び、あっさり敗戦投手になってしまう。

引退を決意することになった1987年9月20日の広島戦も負けることで輝く、なんとも江川らしい試合だった。

1回から6回まで与えたヒットはわずかに1本。7回裏、4番の小早川毅彦にソロホームランを浴び、1対1の同点に追いつかれるが、8回に原辰徳のタイムリーで1点リード。2対1で迎えた9回裏、簡単に2つのアウトを奪いながら、高橋慶彦に内野安打を打たれ、二死一塁で再び小早川との勝負になった。しかも、ここで江川が抑えれば、巨人に優勝マジックが点灯する場面だった。

カウント2－2から江川が全身全霊を込めて投げたのはインコース高めのストレート。しかし小早川のバットが真芯でとらえた打球は快音を残し、ライトスタンドに飛び込むサヨナラホームランとなる。

白球の行方を見届けた江川は膝からマウンドに崩れたまま動けない。一塁手の中畑清に抱えられるようにしてベンチに引き上げると、声を上げて泣いたと言われる。

まだある。江川にとって最も壮絶な負けが1982年9月28日、ナゴヤ球場での中日戦だ。ペナントレースの終盤、首位巨人と2位中日が2・5ゲーム差で迎えた天王山だった。

前年の江川は20勝6敗で最多勝、しかも20完投、7完封という圧倒的な数字を残し、チームも優勝。MVPに輝いている。この年もここまで18勝を挙げ、連続20勝も確実と思われた。しかも相手の2位中日は9月に入るまで5勝（3完封）1敗とカモにしてきた相手だった。

初回から快調なピッチングを続け、4回を終わって毎回の7奪三振。8回まで4安打2失点に中日打線を抑え込んだ。味方は原の先制3ランなどで順調に加点し、9回表を終えた時点で6対2とリード。中日の近藤貞雄監督も「江川で4点差。99パーセント負けると思った」と、すっかりあきらめムードだった。近藤の実感は「江川はプロ入り以来、それまで4点差を追いつかれたことは一度もなかった」という事実が裏づけている。

ところが、土壇場で異変が起きる。

9回裏、明治大学時代から江川キラーで鳴らした代打の豊田誠佑にレフト前に運ばれる。続くケン・モッカ、谷沢健一にはともにカーブを流し打たれ、ノーアウト満塁。5番の大島康徳にはセンターに大飛球を打たれたが、犠牲フライに終わり、まだ6対3。

一死一、二塁となって打席に迎えたのが宇野勝だった。それまで3打席連続三振で江川にはまったくタイミングが合っていない。余裕の表情もうかがえる江川はストレート一本で押し、たちまち2ストライク。しかし3球目を宇野に大根切りされると、打球はレフト線を破る二塁打に。これで2点差と詰め寄られ、ランナー二、三塁。ここで中尾孝義にストレートをライト前に運ばれ、とうとう同点である。

延長10回も流れは中日に傾いたままだった。代打の木俣達彦が打ったゴロをサードの原がエラーして無死一塁。江川はマウンドを降り、代わった角三男《すみみつお》（現在は角盈男《すみみつお》）が2つの四球で満塁とし、最後は大島のセンター前へのサヨナラヒットで中日の大逆転劇は幕を閉じた。

結局、この年の中日は最終戦で優勝を決めるのだが、2位巨人との差はわずか0・5ゲーム。結果論とはいえ、江川がすんなり勝っていれば巨人の連覇が成っていた可能性は高い。

試合後の江川は「勝ちを焦って投げ急いだわけではない。力負けです」とコメントしている。江川が「力負け」という言葉を口にするのは珍しく、主審の山本文男は「9回の江川は急に球

1987年9月20日、広島対巨人（広島市民球場）。2対1と1点リードで迎えた9回裏、広島・小早川毅彦に逆転サヨナラ2ランホームランを打たれた巨人・江川。勝負球は内角高めのストレート。引退を決断するきっかけになった。（写真：産経ビジュアル）

の伸びがなくなった。見ていてびっくりするほどだった」と証言している。

実は、江川は前年のオールスター休み中のCM撮影時、スタジオ内の機材の落下により肩を痛めたとも言われている。高校、大学時代から投げ続けた疲労の蓄積も大きかったに違いない。マッサージや鍼灸治療などを行いながら登板を続けたが、徐々に完投の数は減り始め、やがて「100球肩」と揶揄されるようになる。

それでも江川が偉大だと思うのは負けても主役は江川本人であり、勝利したはずのチームや選手を脇役にしか見せなかったことだ。というより、負けることで主役の座を他の誰にも渡さなかったようにぼくには見えた。

「江川の本当の凄さはあんなものじゃない」

「一番良かったのは高校時代。160キロ以上出ていた」

32歳の若さでマウンドを去った江川のアマチュア時代を懐かしむ人は多い。でも、ぼくはプロに入ってからの江川に魅了され、とことん楽しませてもらった。少なくとも負けに慣れていない巨人ファンに、負けのなかにも野球の醍醐味があることを教えた功績は計り知れない。

先に紹介した萬流コピー塾の作品のなかにこんな名コピーがある。

「江川ファンは巨人ファンの進化した姿です」

逆転名勝負 06

【1958年4月5日】金田正一

ゴールデンルーキーを4打席4三振 天皇と呼ばれた男が最も輝いた日

プロ野球を熱心に見始めた小学校3年か4年のとき、生まれて初めて野球選手にファンレターを出した。球団が発行するファン手帖などに選手の自宅の住所などが載っていたのだから、個人情報の扱いに厳格な今となっては隔世の感がする。

当時、ご多分に漏れず巨人ファンだったぼくは主力選手である長嶋茂雄、王貞治、柴田勲、金田正一、堀内恒夫の5人に宛てたのだが、球場で彼らを見る機会などほとんどない地方の一小学生は図々しくも「できればサイン色紙をください」との一文を最後に記した。

リクエストに応えてくれたのは王と金田の2人だった。王からはあくる年の元旦、年賀状が届いた。たしか、針すなおの似顔絵入りだったと記憶している。びっくりさせられたのは金田である。書留で、ほんとにサイン色紙が届いたのだ。

「これからもジャイアンツと金田正一を応援してくださいね」

そんな内容が書かれた手紙も同封されていた。たぶん金田をマネージメントしていたカネダ企画のスタッフが書いたものなのだろうが、小学生にそんなことが分かるはずはなく、その場で飛び上がりたいほど嬉しかった。

現金なもので、このときからぼくは金田贔屓である。

金田のファンサービスの精神は巨人時代よりロッテの監督になって、ますます発揮された。グラウンドでファンと写真撮影会をする、オリジナルグッズを作成する、ロッテのお菓子を配る……。明らかに時代を先取りしていた。パ・リーグ人気を盛り上げるために、太平洋クラブの稲尾和久監督と申し合わせて遺恨試合の演出までしている。

少々乱暴な野球解説も楽しかった。その印象は今でも変わらない。週刊ポスト（2016年7月8日号）誌上で、現役時代に自分の速球は180キロ出ていたと自慢しても、この人なら許せる。たまにTV『サンデーモーニング』（TBS）のスポーツコーナーにゲストで出てきても、人を食った態度は相変わらずで、張本勲をしのぐ大物感を漂わせるのを忘れない。

事実、日本プロ野球界の大物なのだ。レジェンドなのである。

400勝298敗、4490奪三振、投球回数5526回2／3、14年連続20勝以上、

365完投、64回1／3連続無失点、2ケタ奪三振103試合。こうして並べる通算記録はいずれも日本記録（連続無失点は世界記録でもある）だ。

意地とプライドを懸けたルーキーとの勝負

そんなレジェンドが最も輝いたのが、1958年4月5日の巨人対国鉄の開幕戦。ゴールデンルーキーの長嶋茂雄を4打席連続三振に斬った試合である。4三振にもかかわらず、球界最高峰のエースに臆することなく向かっていった長嶋を賞賛する論調が今では一般的で、「スイングする音はマウンドにまで聞こえ、金田の顔は蒼ざめた」「その後、長嶋は金田を通算打率・313、18本塁打と打ちまくった」といった内容が添えられることも多い。

たしかに4打席4三振は「三振さえ絵になる男」長嶋の原点だろうとぼくも思う。しかし、この試合の主役が誰かと言えば、それは金田である。あるいは主役になるはずだった新人・長嶋から主役の座を奪い取ったのがプロでは大先輩の金田だった。つまり、金田にとっては意地とプライドを懸けた大逆転劇だったのである。

長嶋はオープン戦でもプロのピッチャーを全く苦にせず、19試合で7本塁打を放った。とくに前年、26勝9敗、防御率も1点台だった大毎のエース・小野正一から豪快な一発を放ったときは「長嶋なら開幕で対戦する金田も打つだろう」とスポーツ紙が書き立てた。小野は身長185センチのサウスポー。長身から振り下ろされる速球と大きなカーブを武器としたため、「仮想・金田」と見なされたのだ。

しかし、これで金田の闘志に火がつかないはずがない。国鉄では監督も制御できないワンマンぶりから「天皇」とまで言われた男だ。「大学出がなんぼのもんじゃい」と思ったはずである。しかも当時は六大学野球が人気・実力ともにピークにあり、金田と長嶋の対決は「職業野球」対「アマチュア野球」の頂上決戦といった意味合いもあった。

その結果が、金田の側から見れば4打席連続の奪三振である。内容は以下の通りだ。

［第1打席］内角高めの速球を空振り。外角低めのカーブを見逃がしストライク。真ん中低めのカーブがボール。内角高めの速球を空振り。

［第2打席］外角高めのカーブがボール。内角低めのカーブがボール。内角低めのカーブをファウル。外角高めのカーブがボール。外角高めの速球を空振り。外角高めのカーブを空振り。

［第3打席］真ん中高めの速球を空振り。内角低めのカーブを空振り。外角低めの速球を空振り。

［第4打席］内角低め速球がボール。真ん中低めのカーブがボール。真ん中のカーブがストライク。内角高めの速球がボール。真ん中のカーブを空振り。真ん中のカーブを空振り。

金田が長嶋に投じたのは4打席で計19球。奪った空振りが9つで、バットに当てられたのは

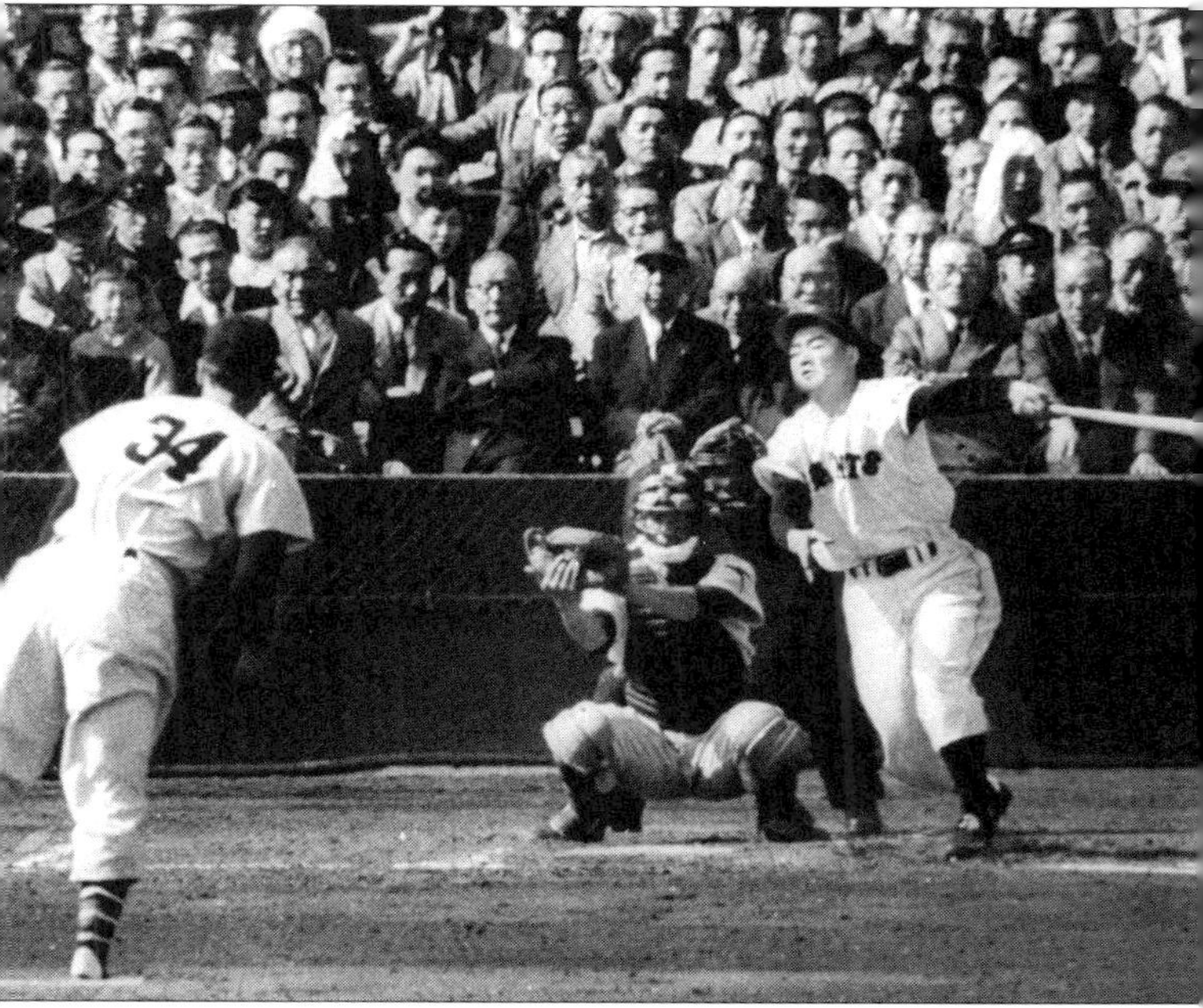

1958年4月5日、シーズン開幕戦となった巨人対国鉄（後楽園球場）で空振り三振を喫する巨人の長嶋茂雄。のちの400勝投手・国鉄の金田正一と巨人のゴールデンルーキー・長嶋の対決は、4打席4三振と金田が長嶋を圧倒。当時、南海で捕手をつとめていた野村克也は4三振がすべてフルスイングでの空振り三振だったことを知って「すごい打者が現れた」と逆に驚いたという。（写真提供：産経ビジュアル）

わずか1球。球種の内訳はストレートが7球、カーブが12球。落差の大きい自慢のカーブを多投しているが、要所で胸元を突くストレートを使っている。とくに第1打席である。初球も1-2から三振に斬った4球目もインハイのストレートだ。

試合は金田と巨人の藤田元司の投手戦で、0対0のまま延長戦に突入。11回表に、国鉄は町田行彦の3ランなどで4点を挙げると、金田はその裏の巨人の反撃を1点に抑え、4対1で完投勝利を飾った。

中日戦で見せた圧巻の完全試合

このシーズン、金田は春先から好調だった。記録的な暖冬が入団以来酷使されてきた金田の左肘には幸いし、調整はすこぶる順調、開幕時にはすでに腕を思い切り振れる状態にあった。それは31勝14敗、防御率1・30、311奪三振というシーズン成績にも表れている。勝ち星も防御率もキャリアハイの数字である。

しかし、このとき、ストレートの球速は全盛時には遠く及ばなかったという声もある。その一人が金田とは痺れるような投手戦を何度も繰り広げた杉下茂だ。

「コントロールも投球術も若い頃に比べれば、格段に良くなった。でも真っすぐの球速はピークを過ぎていたんじゃないかな。いいときのカネの速球はあんなものじゃなかった」

金田と杉下が投げ合うときは先制点が命取りとなった。

1955年5月10日、杉下は金田と投げ合い、7回に挙げた1点を守り切り、ノーヒットノーランを達成する。四球は3 - 2のカウントから金田に与えた1個だけ。それも杉下によれば「あとで審判が、あれはストライクだったかなと言うくらい微妙な判定だった」。

その2年後の8月21日、今度は金田が杉下相手に借りを返す。8回を終わって国鉄、中日とも無得点。9回表の1点はここまで一人のランナーを許していない金田にとって願ってもないプレゼントに思われた。しかし、9回裏、先頭打者のハーフスイングを巡り、中日ベンチは猛抗議を始める。やがて興奮した一塁側の中日ファンが次々にグラウンドになだれ込んで大騒動となった。もし放棄試合にでもなれば、目前に迫った金田の完全試合も夢と消える。結局、判定は覆ることなく試合は再開されるのだが、中断時間は43分に及んだ。

ここからの金田のピッチングが凄まじい。後続の2人に全球ストレートで勝負し、連続3球三振。スタンドを黙らせる圧巻の投球で大記録を成就させた。このときマスクを被っていた佐竹一雄によれば最後のボールが一番速かったという。

金田正一。正真正銘のレジェンドである。

逆転名勝負07

【1993年6月9日】

伊藤智仁

16奪三振の快投から一転
金沢の夜空に消えた痛恨の1球

日本で初めてスライダーを投げたピッチャーは藤本英雄だと言われる。藤本はキャッチボールをしていてこのボールを編み出し、自己流で磨きをかけて武器にしたことを、巨人でチームメイトだった青田昇は著書『サムライ達のプロ野球』（ぱる出版）に書いている。

肩を壊していた藤本はこの魔球を駆使し、１９４９年に24勝7敗、防御率１・94と完全復活。翌年には日本初の完全試合も達成した。藤本の新球がアメリカではスライダーと呼ばれていることは、まもなく日本の野球雑誌にボブ・フェラーの投球が紹介されて広く知られるようになった。その剛速球から「火の玉投手」の異名をとったフェラーはスライダーもまたメジャー史上最高と言われている。

80年代最高のスライダーの使い手

藤本が投げるスライダーの変化について青田は「ストレートと全く同じスピンで高めにホップしてくる。ホップしてきてさっと外角へスライドする。落ちるのではなく横へ滑る、スライドするのだ」と語り、その後、藤本並みのスライダーを投げたのは西鉄の稲尾和久、そして稲尾の30年後に現れたヤクルトの伊藤智仁だけだと言い切っている。

一方、野村克也がスライダーの使い手として評価するのは、稲尾和久、成田文男（ロッテ）、伊藤智仁の3人だ。稲尾はスライダーとシュートのコンビネーションを武器にしており、スライダーだけに絞れば、成田のほうが上だったかもしれないと語っている。

成田のスライダーにまつわるエピソードは多い。1968年、日米野球で来日したカージナルスのスティーブ・カールトンは成田のスライダーを見てすっかり感心し、帰国後これをマスターした。その後、20勝を6度記録し、サイ・ヤング賞にも4度輝いている。

成田は実際にメジャーの強打者も牛耳った。1971年、アリゾナ・キャンプに参加したロッテはオープン戦でサンフランシスコ・ジャイアンツと対戦。先発の成田はウィリー・メイズやウィリー・マッコビーをきりきり舞いさせ、延長10回を投げ抜き、1失点。メジャー入りを口説かれている。日本人メジャーリーガー第1号の村上雅則の活躍からまだ数年の時期だ。野村はメジャーでも十分やっていけたはずだと成田の力を認める。

いずれにしても辛口批評の青田と野村が1980年代以降の最高のスライダー投手として認めたのが伊藤智仁である。野村によれば、伊藤のスライダーは曲がりの小さい稲尾のスライダーより、成田のスライダーに近い。高速で、打者の間近にきてから大きく鋭角に曲がった。

長い腕を速く、しなやかに振り、思い切り横回転をかけたボールは右バッターにも左バッターにも有効だった。右バッターが思わずのけぞったボールが外角のストライクゾーンに決まったこともあれば、空振りした左バッターの体にボールが当たったこともある。

ボールを受けていたキャッチャーの古田敦也は「こんなボール、絶対に打てっこない」と舌を巻き、対戦相手の一人、当時、広島でクリーンナップを打っていた金本知憲はすし屋で偶然顔を合わせた野村にこう語った。

「監督、伊藤のスライダーはスライダーだと思ったら、打てませんよ。突然視界から消えるような曲がり方をするから、フォークボールを打つ感覚でないと……」

早いもので伊藤の高速スライダーを野球ファンが目撃してから20年以上が経過した。にもかかわらず伊藤のピッチングが今もなお熱く、悲劇の色を帯びて語られるのは全盛期がわずか3カ月に過ぎなかったからでもある。

大記録達成間近の悲劇のサヨナラ弾

１９９２年のドラフト会議で３球団競合の末、野村ヤクルトに入団した伊藤がベールを脱いだのは翌年４月20日だった。キャンプから春先にかけて調子は上がらず、開幕は二軍で過ごした。しかし、この日の阪神戦を７回２失点と無難にまとめ、初勝利を挙げると、ここから快刀乱麻のピッチングが続いた。

７月４日の巨人戦を最後に、右ヒジ痛で登録を抹消されるまで14試合に登板し、７勝２敗。素晴らしいのはその中身である。５完投、４完封。防御率０・91。１０９回を投げ、奪三振１２６個。防御率ランキングは９月18日に規定投球回数に満たなくなるまで５カ月の間、１位に君臨した（ちなみにこの年の１位は山本昌広の２・05だった）。

伊藤が１９９３年に投げた14試合のなかで、今も語り草なのが６月９日、金沢の石川県立野球場で行われた巨人戦である。

伊藤はこれが初対戦となる巨人打線を手玉にとった。初回の原辰徳を皮切りに６連続三振を奪うなど、８回まで１５０キロ前後のストレートと得意のスライダーを操り、スコアボードにゼロを重ねた。一方、ヤクルトも巨人の先発左腕・門奈哲寛とリリーフ・石毛博史を打ちあぐみ、散発4安打に抑え込まれ、スコアは0対0。

9回裏一死、伊藤は八番の吉原孝介をスライダーで三振に斬り、奪三振の数は16となった。金田正一、江夏豊、外木場義郎らと並ぶセ・リーグタイ記録である。

ここで打席に入ったのが途中から二塁の守備に入っていた篠塚和典だった。もし自分が三振すれば、不名誉な新記録献上となる。篠塚は自分の打順が回ってくる前に登板準備をしている石毛に頼み、ブルペンでスライダーを投げてもらっている。初めて対戦する伊藤のスライダーに少しでも目を慣らしておきたかったからだ。

バッターボックスに立ってからもプロ17年目のベテランは駆け引きを忘れない。伊藤が投球モーションに入ろうとしたところで2度タイムをかけ、打席を外した。そして、伊藤が焦れたように投げた初球は高めに抜けたストレートだった。篠塚が予想したスライダーではない。しかし瞬時に反応した。バットを体に巻きつけるように振り抜くと、高く上がった打球はライトフェンスを越えて弾んだ。篠塚にとって生涯初のサヨナラホームランである。

余談だが、野村はシダックスの監督時代、篠塚が社会人野球主催のセミナーで行った講演に同席している。「きた球を素直に打つ」。そんなことを得意げに語る篠塚に野村は呆れた。

「野球を真剣に勉強しようと思ってきているアマチュアの人たちに向けて、プロの一流選手がそんな話しかできないのか……」

1993年6月9日、巨人対ヤクルト（石川県立野球場）の試合後、悔し涙にくれるヤクルト先発の伊藤智仁。伊藤はこの日、9回まで巨人打線を圧倒。セ・リーグタイ記録となる16奪三振を奪ったが、1発に泣いた。（写真：産経ビジュアル）

しかし、それが篠塚のバッティングだった。データなどは見ないで「きた球を打つ」。それで首位打者に2回輝き、通算打率も3割を超えた。野村は皮肉を込めて「天才や」と評する。

篠塚のホームランを見届けた伊藤は、その場に膝から崩れ落ちた。マウンドを降りてくると、ベンチ前でグラブを思い切り叩きつけ、ベンチの椅子に座っても茫然自失の状態だった。味方の援護に恵まれず、たった一球の失投に泣いたこの試合の姿が伊藤智仁をますます悲運のヒーローに仕立てたのは間違いない。

伊藤は7月4日の巨人戦で鮮やかにリベンジしている。1対0の完封。三番に入った篠塚もノーヒットに抑え込んだ。このときの投球数が137球。先のサヨナラ負けの試合が150球。他にも伊藤は延長12回193球（5月28日の横浜戦）、延長13回185球（6月27日の阪神戦）と、100球を先発投手の基準に考える今の野球からは信じられない球数を投げている。しかも中4日、中5日の登板も少なくなかった。

コーチが酷使を心配し、登板間隔と球数を考慮するように申し入れたこともあった。野村は当時を振り返り「伊藤には知らず知らず無理をさせ、申し訳ないことをした」と語っているが、本心はわからない。チームの優勝のために、一番信頼できるピッチャーに1試合でも多く投げさせてきたのは過去のどんな名監督も同じである。

逆転名勝負08

【2009年9月18日】

イチロー

史上最高のクローザーから放った自身初めての逆転サヨナラ弾

２０１６年6月15日、イチローは内野安打で出塁して日米通算でピート・ローズの持つ４２５６安打の大リーグ記録を破ると、約２カ月後の８月７日にはライトフェンス直撃の三塁打を放って、史上30人目となるメジャー通算３０００本安打を達成した。３０００本到達が三塁打によるのがポール・モリターに続き史上二人目なら、メジャー16年目での達成はピート・ローズに並んで史上最速だった。

野球殿堂入りの条件ともいわれる３０００本安打達成に対してはアメリカのメディアも偉業を称えたが、日米通算最多安打については評価が真っ二つに割れた。

なかには「ローズの安打は世界一のメジャーリーグの投手から放ったものだが、日本のプロ

野球は（米国の）高校野球とほとんど変わらない」（ＵＳＡトゥデー）というかなり手厳しい論調もあった。

イチロー自身も「合わせた記録というところが難しい。ピート・ローズが喜んでくれていたら全然違いますよ。でもそうじゃないと聞いている。だから興味はないというか……」と、微妙な心情を語っている。

もちろん、ローズはイチローの記録を認めるはずはなく、「周りは私を〝ヒット女王〟にしようとしていないだろうか」と、皮肉たっぷりの発言もしている。

その後、ギネス社がイチローの記録を「プロ野球における通算最多安打数」として認定したため、「世界記録はイチロー、大リーグ記録はローズ」という形でひとまず決着がついたが、「日米の通算記録は認めない」という米メディアの主張にも一理ある。なぜなら、日本のプロ野球も外国人選手の記録はメジャー時代のものを合算しないからだ。

たとえば、１９８０年代に巨人で活躍したウォーレン・クロマティである。彼はメジャーで１１０４安打、日本で９５１安打を記録したが、２０００本安打達成の連盟表彰も名球会入りもなかった。今のところ、外国人選手で唯一名球会入りを果たしているアレックス・ラミレス（現横浜監督）もメジャーで放った86安打は合算されていない。

こうした事態を考慮してか、名球会は２０１２年、入会資格に「日本プロ野球での記録をスタート地点とする」という条件を追加しているが、イチローの記録騒動を考えると、不平等感は否めない。だから、イチローの記録も日米で分けて考えた方がすっきりする。

イチローには日米通算安打の記録以上にもっと偉大な勲章がある。

これまでメジャーで３０００本安打を記録している30人のうち、通算打率３割（イチローは17年終了時・３１２）と通算５００盗塁（同５０９）もクリアしているのはイチロー以外に、タイ・カッブ、エディ・コリンズ、ホーナス・ワグナー、ポール・モリターの４人しかいない。ピート・ローズは通算打率こそ3割（・３０３）を超えているが、盗塁は１９８個に過ぎない。通算１４０６盗塁を誇る「史上最高のリードオフマン」リッキー・ヘンダーソンは通算打率が・２７９と低い。

ただ安打を重ねるのではなく、その確率が高いうえ、しかも脚力で塁上をかき回してチームに貢献した選手となると、メジャーにもごくわずかしかいないのだ。

記憶に残るイチローのベストヒット

そんなイチローがここまでメジャーで積み上げてきたヒットの中で、最も印象的な一打は何だろうか。

ぼくが真っ先に思い浮かべるのは、マリナーズ時代の２００９年9月18日、ヤンキース戦で放った逆転サヨナラホームランである。意外なことにイチローが日米通算３２９８安打目にして初めて体験したサヨナラ弾だった。

そして、この一打が衝撃的だったのは打った相手が「伝説の守護神」マリアノ・リベラだったからでもある。

リベラは２０１３年に引退するまでの19年間にギネス記録にも認定されている６５２セーブ（2位はトレバー・ホフマンの６０1セーブ）をマーク。ポストシーズンでも無類の強さを発揮し、通算42セーブ（2位はブラッド・リッジの19セーブ）、防御率０・70という信じられない数字を残している。

リベラが投げる球種はカットボールのみ。これをコーナーに巧みに投げ分けるのだが、特に左バッターの内角に球速１５０キロ以上で食い込む軌道の威力は凄まじく、19年間に８００本以上のバットをへし折っている。ヤンキース入団1年目の松井秀喜もスプリングトレーニングの打撃練習でリベラと対戦し「こんなボールは初めて見た」と目を丸くした。

この日のイチローの前に立ちはだかったのはそんな難敵である。しかもリベラは前の登板で連続セーブ記録を自己最長の36まで伸ばしている。

この日も9回裏、2対1とヤンキースの1点リードの場面で登板し、7番、8番をカット

2009年9月18日、マリナーズ対ヤンキース（セーフコフィールド）。9回の裏、2死2塁の場面でイチローがヤンキースの守護神リベラからサヨナラホームランを放つ。チームメイトたちは最上の笑顔でヒーローを迎えた。（写真：産経ビジュアル）

ボールで簡単に三振に切った。ところが続く代打のマイク・スウィーニーが右中間を破る二塁打を放ち、一番のイチローに打席が回ってきた。

リベラが初球に投じたのはもちろんカットボール。球速148キロ。高さは真ん中だがコースは内角ぎりぎりのボールに対し、イチローが体を開いてすくい上げるようにバットを振り抜くと、打球は美しい弧を描いてライトスタンドに吸い込まれていった。

広島黄金バッテリーの仮想対イチロー

以前、ぼくは広島の黄金バッテリーと謳われた大野豊、達川光男の対談本を構成した際、2人に尋ねたことがある。防御率1点台で沢村賞を獲った1988年の大野がメジャーでシーズン最多安打を記録した2004年のイチローを打席に迎えたら、それも9回二死満塁の場面だったら、どう配球を組み立てるか。

二人が出した答えは「初球のシュートで勝負」だった。

「イチローは粘って歩こうなんて考えない。だから、3球、4球と投げて勝負するんじゃなくて、初球で勝負する。普通は大野のその日一番いいボールと答えるべきなんじゃろうが、ワシならインコースのシュートのサインを出すと思う」（達川）

「バッター心理からすると、満塁で初球からインコースはまずないと思う。その心理を逆手に取って、いきなりインコースにシュートを投げるのは大いにありだな。ただし、ストライクかボールぎりぎりのところに投げるのが条件。そこへきっちり投げきることができれば、おそらくイチローも打ってくる」（大野）

「大野のコントロールなら大丈夫よ。そうなればしめたもんじゃ。全盛時の大野のシュートだったら、内野ゴロが計算できるけぇ」（達川）

左腕大野の内角シュートと右腕リベラの内角カットボール。球速も球質も同じではないが、イチローの内角に食い込んでくるボールの軌道は近い。そして、リベラがイチローに対する初球に選択したのは、大野・達川のバッテリーが結論を出したのと同じようにインコースを厳しく突くボールだった。それを見事に仕留めたイチロー。試合後のインタビューで「勢いつけて、行ったれと思って……」と振り返っているように、リベラの思惑はイチローの思い切りと抜群のバットコントロールに打ち砕かれた。

イチローの対リベラの通算成績は13打数5安打、打率・385。リベラはイチローについて「どこへ投げても打ち返してくる。しかも速い。まるで雷の閃光のように」と、ちょっと詩的な表現で称えている。

逆転名勝負09

長嶋茂雄 2
【1968年9月18日】

死球と乱闘で荒れた伝統の一戦 敵地の空気を一変させた3ラン

打席に立ったとき、バッターはピッチャーにどんな視線を送るのか。代打稼業で一世を風靡した阪神の川藤幸三から「打者の目力」について興味深い話を聞いたことがある。
若い頃、川藤は常にピッチャーを睨みつけ、先に目をそらしたほうが負けだというくらいの気持ちで打席に立っていた。
「でも、そんなのはしょせんチンピラの目や。強い人間の目やない」
川藤は高校時代、地元の曹洞宗の寺で1年近く毎日座禅を組んだことがあった。あるとき、寺の和尚の提案でにらめっこをしたのだが、勝負にならなかった。和尚の怖い目がどんどん大きくなって迫り、「アカン、負けです」とあっさり降参した。

川藤は代打稼業を始めた頃、当時を思い出し、オフシーズンに寺を訪ね、「あのときの和尚の目がほしい」と、教えを乞うたのだという。

「和尚は笑っとった。『あの目はおまえ自身の目や』と言われたよ。つまり、にらめっこしたときの和尚の顔はワシの鏡でもあったんや。和尚が言うには一番強い目力を持っているのは赤ちゃん。一切の邪念や雑念がない、あの目にこそ力があるんやと教えてくれた。ワシのように打席で打ちたい、打ちたいと思って目をギラつかせてるうちはまだまだ半人前や。無の境地というのは、もっと素直に、すべてを受け入れるような目をしてるときなんやろう。そんな境地にはとうとう行けなんだけど」

ひょっとして長嶋茂雄はそんな目だったのではないか。

そう思って聞くと、

「ピッチャーやないから、打席でミスターの目を見たことはない。でも案外そうかもしれんな。絶好調のときのミスターやったら、そんな無心の目をして打席に立ち、ピッチャーとの勝負を楽しんでいたのかもしれん」

と、ぼくの想像を否定しなかった。

もう一人、面白いエピソードを教えてくれたのが稲尾和久である。日本シリーズで初めて対戦したとき、長嶋の目からは何も読み取れなかった。

「おれはまず打席のバッターを見る。どんな強打者でも目の動きを見ていれば、そこに何かしら手がかりがあるから。どのコースを狙っているか、どの球種を待っているか。でも長嶋さんはただスーッと立っているだけ。何を考えているのか、まったくわからない。あんな目のバッターは他にいなかった」

怒号が渦巻く異様な伝統の一戦

そんな長嶋の目が怒りの炎に燃えていたのではないかとぼくが勝手に想像する試合がある。1968年9月18日、甲子園での阪神対巨人のダブルヘッダー第2試合だ。開始前から甲子園は異様な熱気に包まれていた。

というのも前日の17日は江夏豊がシーズン354奪三振の日本記録を達成した。しかも巨人は江夏に決勝打まで打たれて0対1の完封負けを喫している。この日の第1試合も村山実のフォークボールに翻弄され、完封負け。これで首位巨人は2位阪神とのゲーム差がゼロとなり、いよいよ土俵際に追い込まれたのだ。

第2試合の先発は阪神がジーン・バッキー、巨人は金田正一。バッキーは初回から制球が乱れ、巨人は高田繁がエラーで出塁すると、王貞治が死球、長嶋が四球で満塁とし、末次民夫への死球による押し出しで1点を先制した。

そして、事件は4回表に起こった。

巨人は二死から相手のエラーと3連続ヒットなどで5対0とリードを広げ、二死一塁で打席に立ったのが三番の王貞治だった。イライラが頂点に達した様子のバッキーは初球、いきなり顔面付近へのビーンボール。のけぞってよけた王が捕手の辻佳紀に何ごとか注意する。だが2球目もヒザ元へあわや死球かと思われるボール。たまらず王がバットを持ったまま、バッキーに歩み寄る。

このとき、二人の間で「危ないから、気をつけてくれ」（王）、「わざとじゃない。サイン通りに投げただけだから」（バッキー）というやりとりがあったと言われる。王はまもなく打席に戻ろうとするが、すでに両軍のナインがマウンド近くまで来ており、そのまま大乱闘に突入した。

乱闘の中心は191センチの長身バッキーと、王の一本足打法の師匠であり、合気道の達人・荒川博打撃コーチ。荒川が蹴りを入れれば、バッキーは右ストレートを振り下ろす。結局、荒川は頭部に4針を縫うケガを負い、バッキーは右親指付け根を複雑骨折。結果的にはこれが選手生命を絶つことにもつながった。この年はそのまま登板がなく、翌年、ケガからの再起を目指して近鉄に移籍するが、1勝も挙げられずにユニフォームを脱いでいる。

中断した試合は20分後に再開。審判はケンカ両成敗ということでバッキーと荒川に退場処分を下すのだが、阪神ファンは納得しない。暴力行為には参加していないという理由から、もう一人の当事者である王への処分がなかったからだ。

「王退場！　王退場！　王退場！」

誰からともなく始まったコールが球場内に大歓声となって響き渡り、阪神ファンからグラウンドに次々に物が投げ込まれ、暴動寸前の空気となった。

長嶋の一振りで球場が静まり返った

再開された試合は最悪の事態を迎える。

バッキーをリリーフしたサウスポーの権藤正利が投じた5球目が王の側頭部を直撃。頭を抱え込むようにして倒れた王はまもなくタンカで運ばれた。病院の診断は「右耳後部打撲で4、5日の安静」。王は翌日から2試合欠場を余儀なくされている。

ヤジや怒号が渦巻き、ますます殺気立ってきた甲子園の雰囲気を一変させたのは四番の長嶋である。王が死球で倒れた際にはマウンドに向かうナインを制止する側にいたが、冷静であるはずはなく、腹の中は煮えくり返るような怒りが充満していた。しかし、その怒りを集中力に

1968年9月18日、阪神対巨人（甲子園球場）のダブルヘッダー第2戦。ヒザ元への危険なボールを巡り、言い争う王（左）とバッキー（右）。両軍入り乱れた乱闘劇に発展、ゲームは間違った方向にヒートアップしていく。（写真：産経ビジュアル）

変えるように、静かに自分の打席に入った。

「怒りを変なかたちでぶつけるべきじゃない。野球選手がグラウンドでの怒りを表現するなら、野球で表現しないと」

打席に立った長嶋がどんな表情で、どんな目をしていたのかはテレビからはうかがい知れない。当時はまだバックネット裏からの中継である。テレビの野球中継でセンターカメラからの映像が見られるようになるのはこの10年後だ。それでも長嶋の背中がいつもとは違う熱気を帯びていたのは、小学生だったぼくにも分かった。

3ボール1ストライクから投じられた権藤のシュートを完璧にとらえた打球はレフトスタンドに突き刺さった。それは敵地を静まり返らせる、まさに球場の空気を逆転する一発だった。

試合は巨人が10対2の完勝。以後、阪神に首位を明け渡すことはなかった。

長嶋は前年、初めて打撃ベストテンから漏れる不調で無冠に終わっている。体力的な衰えも指摘され始めた。しかし、その不安を払拭するかのようにこの年は開幕から好調をキープ。自己最多となる125打点でタイトルを獲得し、ファンに復活を強く印象づけた。

それにしても、敵地甲子園の異様な空気を一変させた長嶋茂雄のホームランである。珍しく口を閉じ、無表情でホームに還ってくる長嶋の姿に、血が逆流するようなちょっと得体の知れない魂の揺さぶりを覚えた。まるでつい昨日のことのようだ。

【第二章】

土壇場からの逆襲

「奇跡の逆転優勝」

逆転名勝負10

【1994年10月8日】

読売ジャイアンツ

栄光か、ゼロかの最終決戦
視聴率48・8%を記録した国民的行事

縁あって野村克也の単行本をまとめる機会が3度あった。取材していて意外に思ったのは、「原理原則」を好む理性の人が実は血液型信奉者だということだ。理由は名球会入りした選手、つまりプロの世界で成功した選手のほとんどがB型かO型だからで、これもデータ重視の発想なのかもしれない。事実、名球会にはB型とO型が多い。B型には野村自身を筆頭に金田正一、長嶋茂雄、稲尾和久、清原和博、野茂英雄、イチロー、古田敦也、O型にも王貞治、張本勲、山田久志、村田兆治、落合博満、佐々木主浩、松井秀喜と名選手が並ぶ。

野村も当初は血液型を信じていなかった。なぜなら「同じB型の長嶋と自分には似たところが全然ないから」で、この発想も野村らしい。

しかし、ぼくは野村と長嶋は案外似ているんじゃないかと思うことがある。ともに目立ちたがり屋だし、つねにマスコミに自分の言葉で話題を提供することを忘れない。

野村は著書も多く、そこには「勝ちに不思議の勝ちあり、負けに不思議の負けなし」などの名言、箴言が並んでいる。楽天監督の時代には試合後のコメントがスポーツニュースの名物となり、「マー君、神の子、不思議な子」の名言もここから生まれた。

長嶋も負けていない。「失敗は成功のマザー」、「サバという漢字は魚偏にブルー」といった珍言、迷言で楽しませてくれたし、「メークドラマ」のような流行語もつくった。

そんな数ある長嶋語録のなかで、ぼくの一番のお気に入りは「国民的行事」だ。

プロ野球史に残る白熱の優勝決定戦

1994年10月8日。この日、史上初の最終戦に勝ったほうが優勝という大一番が行われたわけだが、件の言葉はその前日、新幹線の新横浜駅ホームで報道陣を前に飛び出した。

「みなさん、こういう試合は初めてでしょう。やりますよ。もう社会現象というか、国民的行事になっていますからね」

大勝負の緊張感を歓迎しているいつもの長嶋の口調だが、世紀の一番をまるで一観客でもあるように、客観的に眺めているセンスに脱帽した。

頭に浮かんだのは世阿弥の『花鏡』に書かれた「離見の見」という言葉。「離見の見」とは、観客の側から自分を見、さらに自分を背中から見るように俯瞰しなさいという教えである。今の言葉で言えば「モニター感覚」だろうか。長嶋が発した「国民的行事」という言葉には自分を俯瞰している冷静さと並外れた楽天性が感じられる。

思えば「10・8決戦」を巡る1年に近いドラマにはいつも言葉が存在していた。長嶋茂雄ともう一人の主役、落合博満の言葉が今でもこのドラマの興奮を蘇らせてくれる。

まず落合がFAで巨人入りしたときの言葉である。

「長嶋監督の首を私が切ることにでもなったら、末代までの笑い者。長嶋監督を胴上げするために巨人に来ました」

かつて会社を休んで後楽園球場に引退試合を見に行ったほどの長嶋ファンである落合は公約通りチームを牽引した。

たとえば、開幕戦の9回表、斎藤雅樹がランナーを背負ったピンチの場面では「今日は絶対に完封しろ」と強く叱咤している。すでに11対0と大きくリードしていたが、シーズンの初戦をエースが完封して勝つことの意義を落合は言いたかったのだ。

巨人は4月を13勝6敗と鮮やかなスタートダッシュに成功すると、一時は2位に最大10・5

ゲーム差をつける独走を見せた。ところが、8月に入ると急に失速していく。8月18日にマジックが点灯したときの長嶋の名言「マジックはマジックの世界ですから」はその後を予言しているかのようだ。

8月25日から19年ぶりの8連敗を喫し、この間に一度は優勝をあきらめた中日が息を吹き返す。9月18日からは9連勝を記録し、残り5試合となった時点で、両チームはとうとう66勝59敗で並んでしまう。ここから巨人3勝、中日2勝1敗で、巨人が1ゲーム差をつける。しかし、129試合目で中日は阪神に快勝し、巨人はヤクルトに敗れ、再び同率首位に。運命のいたずらか、台風で中止となった9月29日のナゴヤ球場の直接対決が10月8日に組み込まれ、これが両者の最終戦となった。世に言う「10・8決戦」である。

落合は運命の一番に臨む心境を自著『激闘と挑戦』（小学館）で語っている。

「10月8日に負けたら、ユニフォームを脱げばいいと思っていたからね、オレ。（中略）渡辺社長、長嶋監督、オレの3人で博打を打ったんだから。負けたらだれかが責任を取らなくちゃいけないだろう。だったら、オレが取るしかないだろうと。でも、これがプロ野球選手として最後の試合になるんだったら、それはそれでいいなと。だから、オレが一番気持ちよく野球をやってたんじゃないかな。不思議とあの日は平静だったよ」

すでに40歳を迎え、成績も下降線にあった落合を年俸3億8000万円という大金でFA補強したことについては賛否両論あり、その成否は本人の言葉を借りれば博打というわけだ。しかも、その博打を楽しんでいた様子がうかがえる。

長嶋は長嶋で負けることは一切考えていなかっただろうと思う。

決戦前夜、長嶋はこの年フル回転した三本柱の槙原寛己、桑田真澄、斎藤雅樹をリレーで起用することを決め、一人ずつ順にホテルの自室に呼んで伝えた（実際には斎藤は呼ばれなかったとも言われる）。槙原と斎藤は中1日（槙原は打者2人のリリーフ、斎藤は先発で6イニングの登板）、桑田は8回無失点の好投から中2日。しかも斎藤は内転筋を痛めていたから、無理は承知の起用法だった。

さらに、試合直前のミーティングでは今や伝説となった檄を飛ばした。

「俺たちは勝つぞ！　勝つ！　勝つ！　勝つ！」

「勝つ」の3連発に選手全員が呼応し、「オーッ！」と雄叫びを上げる光景は戦国時代の出陣式のようだったと伝えられる。

土壇場で冴えわたった長嶋采配

勢いの点では中日に分があった。シーズン終盤はヨロヨロだった巨人に対し、中日の追い込

み は激しく、そのままゴールを差し切ってもおかしくない形勢だった。しかも、舞台はホームグラウンドのナゴヤ球場。先発マウンドに上がったのはエース左腕の今中慎二。中5日とコンディションも万全なうえ、ナゴヤ球場での巨人戦には際立って強い。この年もここまで4勝1セーブ。4年越しで11連勝を記録中だった。

地の利も、人の利も中日にあったわけである。しかし、天の利は巨人にあったと思う。今だから言えるのだが、長嶋の「国民的行事」発言や「勝つ」の連呼が天の利を呼び込んだような気がする。あるいは長嶋は天の声をすでに耳にしていたのかもしれない。

試合は、今中が初回表を3人であっさり料理すると、その裏、中日に絶好のチャンスが回ってくる。先頭の清水雅治が槙原の初球をいきなり二塁打。ところが、二番の小森哲也がバントを空振りし、清水は二、三塁間で挟殺。それでも中日は小森のヒット、立浪和義の死球で一死一、二塁と攻め立てる。しかし、四番・大豊泰昭の併殺打でチャンスは潰える。

すると、2回表に巨人が先制する。落合が今中の真ん中低めのストレートを右中間スタンドに運ぶ先制のソロホームラン、さらに内野ゴロの間に1点を追加し2対0とリード。

だが、巨人の先発・槙原も一向にピリッとしない。2回裏、不運な当たりのヒットが3本続いて無死満塁。ここで中村武志の三遊間を抜くあたりをレフトのダン・グラッデンが弾いて2者が生還し、たちまち同点となった。

なお無死一、二塁となったところで、長嶋は先発の槙原に早々と見切りをつけ、二番手の斎藤にスイッチ。フィールディングのいい斎藤は今中のバントを三塁封殺すると、続く清水を三振併殺に打ち取り、最高のかたちでチャンスの芽を摘む。せっかちな継投策から「辛抱がない」「行き当たりばったりだ」と指摘されることの多かった長嶋采配だが、このときばかりは思い切った継投が勝負の明暗を分けた。

続く3回表、明らかに流れは巨人に傾いていく。二番の川相昌弘がヒットで出塁すると、長嶋は三番の松井秀喜にこのシーズン初めての送りバントを命じ、これが成功。落合がきっちりライト前へタイムリーヒットを放ち、二塁の川相を還して3対2と再びリードする。

ところが、その裏、誰も予期しなかった事態が起きる。ここまで2安打2打点の落合が立浪のゴロを捕球しようとして、左足内転筋を痛めてしまう。打撃コーチの中畑清に背負われてベンチに下がり、一度は痛み止めを打ってグラウンドに足を引きずりながら戻る落合の顔にはこの試合に対する凄まじい執念があふれていた。

結局、落合は4回からベンチに退くのだが、主砲の離脱があっても試合の主導権が巨人の手を離れなかったのは斎藤の好投に尽きる。6回に彦野利勝のタイムリーで1点を失ったものの、5イニングを投げて3安打1失点。

長嶋とは対照的に中日の指揮官・高木守道は先発・今中の続投にこだわった。村田真一、へ

1994年10月8日、中日対巨人（ナゴヤ球場）。同率首位同士の優勝決定戦となったこの試合で冴えたのが、巨人・長嶋茂雄監督の采配。自慢の先発三本柱を惜しみなく投入し、最後は桑田が3回をピシャリと抑えた。（写真提供：産経ビジュアル）

ンリー・コトーにもソロホームランを浴びた今中は4回を投げ、5失点。最多勝の山本昌広（96年から山本昌を登録名に）も、防御率1位の郭源治も出番はなかった。高木はいつも通り、先発投手降板の後は山田喜久夫、佐藤秀樹、野中徹博といった中継ぎに託した。

そして巨人は5回、代わった山田から松井がダメ押しの20号本塁打。継投も長嶋の思惑通りだった。斎藤からバトンを受けた桑田は7、8、9回と気迫のピッチングで押し切った。

スコアは6対3。視聴率48・8％を記録した国民的行事は巨人の快勝のようにも見える。しかしスコアほどの差は感じられなかった。今なお死闘だったという記憶が鮮明に残っている。落合だけでなく、中日の立浪和義が負傷したシーンはその象徴だろう。8回裏、一塁にヘッドスライディングして三塁内野安打をもぎ取るのだが、左肩を脱臼して退場を余儀なくされた。

落合の言葉はこの試合を戦った両軍の選手すべての心情を代弁している。

「半歩でも下がったほうが負ける。まさに背水の陣だった」

そして、長嶋だけが試合後のインタビューで異次元のコメントを残している。

「竜の背中にまたがり、天にも昇るような気持ちです」

どちらの言葉も世紀の名勝負を彩るのにふさわしい。

逆転名勝負11

【2001年9月26日】

北川博敏

崖っぷち男に野球の神様が微笑んだ メジャーにもない奇跡の一発

プロ野球の逆転劇を象徴するホームランと言ったら、９回裏に飛び出す逆転サヨナラ満塁ホームランだろう。過去に打ったことがあるのは28選手。このうち代打での逆転サヨナラ満塁ホームランとなると、次の８人に絞られる。

１９５６年 樋笠一夫（巨人）
１９５６年 藤村富美男（阪神）
１９７１年 広野功（巨人）
１９８４年 柳原隆弘（近鉄）
１９８８年 藤田浩雅（阪急）

２００１年 北川博敏（近鉄）
２００１年 藤井康雄（オリックス）
２０１１年 長野久義（巨人）

さらに「釣り銭なし」という条件で絞り込みをかけると、樋笠、北川、藤井の３人だけになる。「釣り銭なし」とは逆転ホームランが出たことにより1点差で勝利したことを意味する。仮に、2対3の場面で満塁ホームランが出ればスコアは6対3。2点のおつりが生じることになる。

さらに3人の中で「優勝決定ホームラン」という条件を加えたとき、これを満たすのは北川しかいない。1世紀をゆうに超える歴史を持つメジャーリーグにも「釣り銭なし」「代打」「逆転」「サヨナラ」「満塁」「優勝決定」と6つの形容がつくホームランは例がない。

打った時点で北川に「世界で唯一の快挙」の意識があるはずもなく、後年、歓喜の瞬間について尋ねると「頭の中は真っ白。何も憶えていないんです」と、いかにも残念そうだった。「タイムマシンで、あの日に戻ってみたいですね。同じ場面でもう一度ホームランを打ち、喜びをかみしめながら、ベースを回りたいと思います」

もし北川の希望をかなえるために、映画『バック・トゥ・ザ・フューチャー』のデロリアンに乗ることが可能だとしたら、次元転移する時間と場所の設定は「２００１年9月26日、午後6時の大阪ドーム」である。

プロ野球史上唯一の瞬間をプレイバック

近鉄は前の試合でもドラマチックな勝ち方をしている。9回裏、4対6の2点ビハインドの場面で北川が西武の松坂大輔から代打ホームランを放ち、1点差。その後、四球の水口栄二を一塁に置いて、四番・中村紀洋が松坂から右中間スタンドの5階席に届く、鮮やかなサヨナラホームラン。マジックナンバーを「1」としていたのである。

その勢いのまま、この日の対戦相手オリックスを下せば、12年ぶりの優勝が決まるためドームは超満員に膨れ上がっていた。

しかし異様な雰囲気に呑まれたのか、エラーなどで失点を重ねた近鉄は、最終回の攻撃を迎えたときには2対5の劣勢だった。オリックスのマウンドにはこの年、7勝5敗14セーブで新人王となった大久保勝信。

ところが、ここから「いてまえ打線」の怒涛の反撃が始まる。

先頭の吉岡雄二がレフト前にクリーンヒット、続く川口憲史が一塁線を痛烈に破るツーベース。さらに益田大介が四球で無死満塁。ドームが興奮に沸き立つ中、梨田昌孝監督（現・楽天監督）が代打に指名したのが北川だった。

緊張するなというのが無理なこの場面、北川はシンプルにこう考えた。

「中途半端なスイングで引っかけてダブルプレーになるのが最悪。とにかく思い切り振ろう」

狙い球はストレートだ。しかしそのストレートを前に見逃しとファウルで、たちまち2ストライクに追い込まれてしまう。そして3球目は外角ギリギリを突いたスライダー。この際どいボールに対し、バットが止まったことで北川の心に余裕が生まれた。

「今日はボールがよく見えている」

4球目は3球目より明らかに甘いスライダー。やや泳ぎながらも豪快にバットを振り抜くと、ライナー性の打球がバックスクリーン左へ突き刺さった。

実は、このとき一塁ベースコーチの正田耕三（現・起亜タイガース打撃コーチ）は大久保が投げる球種を読んでいたとの証言がある。当時のヘッドコーチだった伊勢孝夫だ。

「大久保の球種は150キロを超えるストレートとフォークボール、スライダー。このうちフォークを投げるときはキャッチャーのサインの出し方で分かるというんや。そこで、私は正田に『フォークのときはバッターのほうを向け。他の球種だったら、背中を向けろ』と指示を出した。もちろん、バッター連中にもそれは教えた」

伊勢によれば、問題の場面で、正田はバッターのほうを向き、北川も一瞬、その姿に目をやったように見えたという。北川はとっさにフォークボールが来ると判断したのではないか。しか

2001 年 9 月 26 日、近鉄対オリックス（大阪ドーム）。9 回裏、無死満塁で代打の北川博敏が日本球界初の代打逆転サヨナラ満塁優勝決定ホームランを放つ。北川（左下）は打球の行方を確認し、一塁付近で飛び跳ねて喜んだ。（写真：産経ビジュアル）

し、正田の読み間違いか、大久保が投げたのはスライダー。ところが、大久保の甘いスライダーと落ち切らないフォークは球速も軌道も似ていたため、北川のスイングとドンピシャのタイミングで合った——というのが伊勢の見立てである。

真相は定かではない。いずれにしてもあの場面で何の躊躇なく、思い切りバットを振り抜いた北川のバッティングを褒めるべきだろう。

満面の笑みでホームに帰ってきた北川にナインが駆け寄って抱きつき、グラウンドはお祭り騒ぎとなった。

野球の神様に祝福された男

「あれは野球の神様からの贈り物だったと思います」

そう語る北川は決して野球のエリートコースを歩んだわけではない。

中学3年のとき、甲子園出場と縦縞のユニフォームに憧れ、その年甲子園に出場した立教高校受験を思い立つが学力不足で断念。それならと、同じ縦縞の帝京高校を受験して不合格。

「もう完全に野球の神様に見放された」と思い、入学先の大宮東高校ではラグビーをするつもりだった。しかし肝心のラグビー部がないとわかり、「神様は野球を続けなさいと言っているのだと解釈しました」と笑う。

3年夏には夢の甲子園出場も果たし、日本大学進学後は、東都大学リーグの首位打者にも輝き、1994年秋、阪神に強打のキャッチャーとしてドラフト2位指名される。それは憧れの縦縞のユニフォームに袖を通した、まさに野球の神様が微笑んだかに見えた瞬間だった。

しかし、阪神では6年間で19安打。明るい性格とその風貌から「アンパンマン」の愛称がある北川だが、根はいたって真面目である。大学時代も卒業後はプロに進むのではなく、会社勤めを想定し、可能な限り授業に出た。必ず教室の最前列に座ったのは「学力がない分、せめて先生に顔と名前は覚えてもらいたかった」という北川らしい理由からだ。この生真面目さが阪神のような人気球団では災いしたのかもしれない。

近鉄にトレードされた2001年はすっかり重圧から解放されたかのように、優勝を決める奇跡の満塁ホームランだけでなく、2度のサヨナラ安打を放った。その3年後には規定打席に到達し、3割20本塁打をマークしている。四番にも座った。

通算成績は1076安打、102本塁打、536打点、打率・276。

遅咲きではあったが、40歳までプレーした彼の現役生活は間違いなく野球の神様に祝福されたものだった。

逆転名勝負12

【1958年10月17日】

稲尾和久

6試合を投げ、47イニング578球「神様、仏様、稲尾様」が生まれた日

プロ野球にはしばしば神が降臨する。

たとえば、2016年の広島優勝の原動力となった鈴木誠也がその一人だ。この年、2試合連続サヨナラホームランを放つと、その神がかった活躍から緒方孝市監督に「神ってる」と言われ、以後、盛んに使われるようになった。流行語大賞の年間大賞まで受賞している。

あるいは、阪神では過去に八木裕、桧山進次郎ら高い代打成功率を誇った打者が決まって「代打の神様」と呼ばれてきた。

しかし、とぼくは考える。これでは「神様」の大安売りじゃないか。個人的にはプロ野球で「神様」の表現がふさわしいのは1958年の日本シリーズの稲尾和久だけだと思っている。

神が降臨した1958年の日本シリーズ

西鉄が巨人を相手に3連敗から4連勝して3年連続日本一を決めたこのシリーズ、弱冠21歳の稲尾は獅子奮迅の働きを見せるのだが、その内容が凄まじい。

シリーズ全7戦のうち6試合に登板し、4勝2敗。先発試合5（4完投）、投球回数47、投球数578、与四球4（死球は0）、防御率1・53。

投手の分業制、球数に対する認識、登板間隔など、今とはまるで違う時代とはいえ、それでも、どの数字も驚嘆に値する。このなかで意外に見過ごされているのが四球4個という数字である。1試合平均の与四球率0・75。「針の穴を通すコントロール」といわれた稲尾の特徴がよく表れている。ちなみに1958年のレギュラーシーズンでの稲尾は33勝10敗、防御率1・42の成績を残しているが、与四球率は2・05だ。

稲尾の制球力を物語るこんなエピソードがある。

その日の球審の傾向を確認するため、まず外角低めのぎりぎりにストレートを投げ込む。これが「ストライク」とコールされれば、次はボール半個分外に投げる。これも「ストライク」なら、「これはどうだ」「じゃあ、これは？」と、少しずつ外にストライクゾーンを広げていったというのだ。審判にはすでに「稲尾のコントロールは抜群だ」という先入観があるから、ストライクゾーンはどんどん甘くなる。

　これだけの制球力があるから、球数も少ない。このシリーズ、稲尾は47イニングで578球を投げているから、1イニングあたりの球数は12球強。1試合に換算すると、約110球。いかにこのシリーズで省エネ投球をしたかが分かる。それが意図したものだったのか、稲尾本人に質問をぶつけたことがある。

「四球が4つしかないなんてことも、球数が少なかったことも初めて知ったよ。当時は今と違って球数なんてあまり気にしなかったからな。ただ、さすがに第5戦くらいからはスタミナを考えて、早めの勝負を心がけたような気はする。

　そういえば、第7戦の7回に手からポロリとボールがこぼれたことがあった。自分では握ったつもりのボールが足元に転がっている。でも右手からこぼれ落ちた感覚がない、つまり、それくらい握力がないんだよ（笑）。だから無駄な球は放りたくない。6対0というスコアも意識になかった。頭にあるのはどうやって、あと9人をアウトにするかだけ。あと6人、あと3人……。9回、長嶋さんの左中間への当たりをセンターの高倉（照幸）さんが突っ込みすぎて後逸、それがランニングホーマーになったんだけど、ちっとも悔しくなかった。それくらいヘトヘト。よく体がもったと思う」

稲尾はシリーズの5日前、原因不明の高熱で寝込んでいる。医者が下した診断は「シーズンの疲労がピークに達したに違いない」。この年の西鉄は最大11・5ゲームあった首位・南海との差をひっくり返す大逆転でペナントを制した。終盤の勝負どころで稲尾は連投し、年間72試合に登板。その疲れが一気に出たとしてもおかしくはない。

三原脩監督は稲尾の体調不良を隠すため、秘密の宿舎を用意した。練習が終わると、記者やカメラマンの追跡をかわすため、一旦、映画館に入り、裏口から脱出することもあった。こうして稲尾は部屋でひたすら眠り、上京する列車のなかでも眠り続けた。なんとかシリーズ前日には熱が引き、初戦に登板する。だが4回3失点で降板し、西鉄は2対9で敗れる。

第2戦は稲尾に登板機会はなく、3対7の完敗。移動日をはさんで2日間休んだ稲尾は第3戦で被安打3の快投を見せる。しかし、巨人のエース藤田元司との投手戦に0対1で敗れた。第4戦は雨で1日順延となり、稲尾は3度目の先発。10安打を浴びながら藤田と投げ合って6対4で完投勝ちし、ようやく一矢報いた。

神様自らのバットで大逆転勝利

そして、シリーズの流れを大きく変えたのが第5戦だった。

1958年10月17日の平和台球場。西鉄・西村貞朗、巨人・堀内庄の先発で幕を開けると、初回に飛び出した与那嶺要の3ランで巨人がリードしたまま終盤に入る。西鉄のマウンドには4回表から稲尾が上がった。しかし3点を追う展開で、前日完投のエースが登板するなど常識では考えられない。稲尾はこう振り返る。

「なんで俺なんだろうとは思ったよね。でも、三原監督には必ず追いつけるという計算があるんだと考え、気持ちを切り替えた」

6回頃からベンチの裏が騒々しくなった。表彰式の準備が始まったのである。トロフィには巨人の選手の名前も刻んであった。これを知った豊田泰光、中西太ら西鉄の野武士軍団の闘志に火がつかないわけがない。「まだ決着がついとらんのに何事か」というわけだ。

7回裏に中西太の2ランで1点差とすると、9回、リリーフで登板した藤田から関口清治のタイムリーヒットでついに同点。

白熱の試合に終止符を打ったのは4回から投げ続けた稲尾自身のバットだった。10回裏、大友工のシュートを力いっぱい叩いた打球はレフトスタンドに飛び込んだ。稲尾は太陽がまぶしくてレフト方向がよく見えない。一塁を回ったあたりで、審判のホームランのジェスチャーを確認できた。ホーム付近ではナインに頭をポカポカ叩かれ、三原に「ベースをちゃんと踏め」と言われたことだけ、はっきり憶えているという。

1958年10月21日、日本シリーズ第7戦、1失点完投勝利で西鉄を優勝に導き、報道陣に囲まれる稲尾和久（中央）。稲尾はこのシリーズで7試合中6試合に登板、26イニング連続無失点を記録するなど大活躍した。（写真提供：産経ビジュアル）

このときダッグアウトの上のスタンドで手を合わせるファンがいた。その写真とともに「神様、仏様、稲尾様」の大きな活字が翌日の新聞に躍った。以来、「神様、仏様」は稲尾の代名詞となった。

この日を境に、シリーズの流れは一気に西鉄に傾く。第6戦2対0、第7戦6対1と、稲尾が完投勝ちを収め、西鉄は3年連続となる日本一を決めたのだった。

気になるのは第5戦の敗色濃厚な展開で稲尾を投入したことである。後年、三原は稲尾にこう言って頭を下げた。

「稲尾で負けたんだったら、ファンも納得すると考えたんだ。しかし、敗戦を前提にエースを起用するなど監督失格だよ。申し訳なかった」

しかし、稲尾自身はあの試合の三原采配は間違っていなかったと断言する。

「あの頃は、チームのために誰かが犠牲になって働くなんてことは当たり前だったからな。監督に『行けるか』と言われれば、『ハイ』と答える。それがエースだと思っていた。それに内心では『また勝たせてくれるんだな』ってウキウキしたもんだよ（笑）」

そう言って眠そうな細い目をさらに細める稲尾の顔は、神でも、仏でもなく、野球が大好きな少年のようだった。

逆転名勝負13

【1960年10月15日】

大洋ホエールズ

機略縦横の三原マジックで大逆襲
5年連続最下位から日本一へ

ありそうで意外にないのが前年の最下位からのリーグ優勝だ。普通に考えれば、最下位になるのは他チームより戦力的に大きく劣っているからで、思い切った補強を行っても、主力選手が急成長しても、優勝を争うまでにレベルアップするのは容易ではないということだろう。

最下位からの優勝を達成したのは2リーグ制になって以降、１９６０年の大洋、１９７５年の広島、１９７６年の巨人、２００１年の近鉄、２０１５年のヤクルトの5球団だけである。このうち、日本シリーズにも勝ったのは大洋しかない。

日本一になれなかった広島、巨人、近鉄、ヤクルトに共通するのはいずれも打撃のチームだということだろうか。１９７５年の広島を牽引したのは主砲の山本浩二、衣笠祥雄であり、一赤ヘル」はこの年の流行語にもなった。１９７６年の巨人は移籍1年目の張本勲の活躍、王のケガからの復活があり、高田の外野手から三塁手へのコンバートも成功した。２００1年の近鉄は中村紀洋とタフィ・ローズの２人だけで本塁打が１００本を超え、チーム本塁打は２１１本。一方、チーム防御率は４・98と、今なお優勝チームのワースト記録である。２０１5年のヤクルトは山田哲人がトリプルスリーを達成し、ホームラン王を獲得。川端慎吾が首位打者、畠山和洋が打点王となり、打撃3部門をチームの野手で独占している。

この4チームと比べると、１９６０年の大洋の打撃力はいかにも貧弱だ。チーム本塁打は60本（リーグ6位）、チーム総得点は４１１（リーグ5位）。それでも6連覇を目指していた巨人を4・5ゲーム差で破ると、日本シリーズにも4連勝してしまった。

チームを強くした超二流選手の存在

前年まで6年連続最下位だったチームは何がどう変わり、なぜ優勝できたのか。この年から監督に就いた三原脩の手腕が大きかったことは野村克也も認めている。

「監督の采配で勝敗が左右する試合はシーズンを通して、そうあるものではない。当たり前だが、選手の働きいかんによって勝ち負けは決まる。しかし、１９６０年の大洋に限っては三原

脩監督の力が大きく勝利に結びついていたように見える」（『野村メソッド』彩図社より）

この年の大洋は1点差ゲームに34勝17敗と抜群の強さを示した。もし、これが逆の17勝34敗だったら、トータルの成績は53勝73敗となり、数字の上では最下位だった国鉄をも下回る。では、三原は僅差のゲームをものにするためにどんな手段を使ったのか。ここに三原マジックと呼ばれる独創的な采配がある。

大洋監督に就任する以前の三原の実績は申し分ない。西鉄監督として9シーズンで4度のリーグ優勝、3度の日本一。1956年から3年連続で巨人を破り日本一になった。この時期に三原が理想としたのが「遠心力野球」である。目的に向かって選手を管理し、一つにまとめるのが「求心力野球」なら、「遠心力野球」は個性重視の野球である。三原の著書『風雲の軌跡』（ベースボール・マガジン社）にはこう書かれている。

「選手は惑星である。それぞれが軌道を持ち、その上を走っていく。この惑星、気ままで、ときには軌道を踏み外そうとする。そのとき発散するエネルギーは強大だ。遠心力野球とは、それを利用して力を極限まで発揮させる。私が西鉄時代に選手を掌握したやり方である」

「求心力が〝管理〟を体質とするのに、遠心力は〝個性〟を尊重する。そこから生まれてくる相互信頼感を大切にしてゆく方式だ」

遠心力野球を具現化したのが、中西太、稲尾和久、豊田泰光、仰木彬、高倉照幸といった野武士とも称されたプレーヤーたちである。三原はスカウト能力にも優れ、有望選手は自ら交渉して獲得し、遠心力野球に必要な戦力を整備した。

しかし、大洋のような万年最下位のチームに西鉄黄金期のようなタレントはいない。新たに獲得して育てる時間的な余裕もない。そこで三原が行ったのは現有戦力の再生と大胆な抜擢や配置転換だった。

再生の典型的な成功例が権藤正利だろう。高卒ルーキーとしていきなり15勝を挙げて新人王に輝いたサウスポーだが、3年目の55年から57年にかけてプロ野球記録の28連敗。59年は肩の不安もあって3試合に登板しただけで勝ち星なしに終わっている。一度は引退を考えたと言われる権藤を三原は説得し、見事に再生した。敗戦処理から中継ぎ、先発と、順を追って自信をつけさせ、優勝に欠かせない戦力として復活させた。シーズンを終わってみれば権藤は12勝5敗（4完封）、防御率1・42と素晴らしい成績を残している。

さらに、テスト生で入団した3年目の島田源太郎もローテーション投手の一人に抜擢した。島田は期待に応え、史上最年少（20歳11カ月）で完全試合を達成するなど、エースの秋山登に次ぐ19勝10敗と活躍した。

野手ではショートの守備に難があった麻生実男の打撃を活かすために代打の切り札として起用。麻生はチャンスに強いバッティングが光り、代打成功率・308。プロ野球で初めて「代打男」の呼び名を定着させた。さらに麻生が抜けたショートの穴を埋めるために、シーズン途中に金銭トレードで獲得したのが首脳陣との確執から近鉄の二軍でくすぶっていた鈴木武。鈴木は守備だけでなく、走塁や粘りのバッティングでもチームに貢献した。

新人の近藤昭仁（後に横浜、ロッテで監督）も一番・セカンドに抜擢。打率こそ低かったが、日本シリーズではＭＶＰを獲得する勝負強さを見せている。

こうした脇役を三原は「超二流選手」と呼んだ。一流ではないが、適材適所の働き場所を得ることができれば想像以上の活躍をするプレーヤーのことである。60年の三原大洋は秋山登、近藤和彦、桑田武といった主力を除けば、超二流選手の集まりだった。

三原魔術の正体は〝情〟

彼らの力を最大限活用して勝つためにさまざまな奇策も用いた。

今でこそ珍しくないワンポイントリリーフを導入したのも三原だ。アンダースローの秋山が苦手の左打者を迎えたケースでは、秋山に一旦外野を守らせ、アウトを取ると再び秋山をマウンドに戻すという戦法も使った。目先を変えるために先発が2～3回投げ、二番手に主力投手が登板し、そのまま最後まで投げ切る起用もあった。さらに相手の先発投手が読めないときは、控え選手や投手をオーダーに入れる「当て馬（偵察オーダー）」も用いた。

こうした三原マジックがズバズバ当たり、チームは8月半ばに首位に立つと、そのままゴールを駆け抜けた。日本シリーズも下馬評は「ミサイル打線」を擁する大毎の圧倒的有利だったが、初戦、この年5勝の鈴木隆が打者3人で先発マウンドを降りると、二番手で登板したエース秋山が最後まで投げて1対0で辛勝した。その後もすべて1点差勝ち。日本一を決めた1960年10月15日も、秋山のロングリリーフによる1対0の勝利だった。

機略縦横の作戦が目立ったこの年の三原大洋だが、三原は勝負を決める要因は「実力5、運3、調子2」の割合だと語っている。3つの要因のうち、おそらく「運」に三原魔術の真髄もある。選手の能力や調子だけでなく、その日、選手が持っている運を試合に活かそうとした。だから、代打で幸運なヒットを打った選手を翌日スタメンで使うような大胆な起用も行った。流れが悪いと判断すれば、流れを変えるために積極的に動いた。

野村克也は「三原魔術の正体は情である」と分析する。選手を褒めて、その気にさせ、力を引き出すのが抜群にうまかったというのだ。しかし「情」や「運」では連覇は難しい。遠心力を持った野武士が揃う西鉄とは異なり、大洋はまだ「運5、実力3、調子2」のチームだったのかもしれない。翌年、再び最下位に沈んでいる。

1960年10月15日、大毎との日本シリーズを制して胴上げをされる、大洋の三原脩監督。当て馬作戦や当時珍しかったワンポイントリリーフなどの奇策を用いたが、根底にあったのは選手に対する〝情〟だった。（写真提供：産経ビジュアル）

逆転名勝負14

【1991年10月13日】

広島カープ

「炎のストッパー」のために捧げた赤ヘル軍団5度目のリーグ優勝

かつて闘志あふれる投球スタイルから「炎のストッパー」と呼ばれたのが広島の津田恒実だ。彼の剛速球の威力を証明する、極めつけのエピソードが阪神の「史上最強の助っ人」ランディ・バースとの対決である。

1986年5月8日の甲子園球場。9回裏二死満塁の場面で、津田はすべて高めのストレートで勝負した。前年に続きこの年も三冠王となるバースのバットは津田のボールにかすりもせず、3球三振。ストレートだと分かっていても手も足も出なかったバースは、試合後に「津田の球はクレージーだ」と語っている。

同じ年の9月24日の後楽園球場では4対1とリードした最終回、二死一塁で原辰徳と対戦した。原は津田の渾身のストレートをバックネット方向にファウルするのだが、このとき、左手の有鈎骨を骨折。残り試合の欠場を余儀なくされ、翌シーズン以降も左手首痛の後遺症に苦しむことになった。これも全盛期の津田のストレートの威力を物語る逸話である。

病に倒れた炎のストッパー

ぼくはこうしたドラマチックな場面以上に、津田というとキャッチャー達川光男からの返球をケンカ腰で受け取る姿を思い出す。

達川がセカンドに送球しているんじゃないかと思えるほど速いボールを返すと、津田はマウンドから2歩、3歩と降りてきて、グラブでむしりとるようにボールをキャッチしたものだ。

達川に真意を聞いたところ、津田の闘志に火をつけるのが目的だった。

「最初は津田もけげんな顔をしておったんじゃが、これでホントに闘志に火がついて、しっかり抑えたんよ。それで、一度成功すると、その後も同じことを要求するわけよ。『ええですね、あれ。またやりましょう』ってニコニコして言うんじゃ（笑）」

どのピッチャーもこのやり方を好んだわけではない。むしろバッターとの対戦に集中できないからという理由で嫌がるピッチャーのほうが多かった。しかし、津田はこれを歓迎し、ファンもまた津田と達川のやりとりを喜んだ。

ところが、巨人戦で達川が思い切り投げたボールを津田がキャッチできずに、グラブを空振りさせてしまったことがあった。ボールは津田の顔面をもろに直撃。鼻血が噴き出し、達川もベンチも心配したが、そのあと巨人打線をピシャリと抑え込んだのだから、津田らしい。それでこそ「炎のストッパー」である。

津田は社会人の協和発酵からドラフト1位で入団すると、ルーキイヤーの1982年に11勝6敗で球団初の新人王に輝いた。誰よりも練習熱心で、天真爛漫な性格からファンにもチームメートにも愛されたが、2年目からは利き手の右手中指の血行障害など数々の故障に悩まされ、登板機会は減り、満足な成績を残せなくなる。1985年に血行障害の手術に踏み切り、翌年には抑えに転向。22セーブを挙げる活躍で、カムバック賞を受賞した。クローザーとして絶頂期にあった1989年には12勝5敗28セーブ、防御率1・63の成績を残している。

入団時の津田にはストレート以外にスライダーとフォークボールがあった。3つの球種によるコンビネーションで勝ったが、血行障害を起こしてからは満足にボールを指で挟めないため、フォークは多投できない。自ずとピッチングの幅は狭くなった。真っすぐの馬力があるうちはいいが、少しでも球威が落ちれば、たちまち打ち込まれた。

1990年は右肩痛で登板はわずか4試合。体調不良のまま開幕を迎えた1991年4月14

日の巨人戦が最後の登板となった。

広島が1対0でリードした8回にマウンドに上がると、死球とヒット2本でたちまち同点に追いつかれ、ワンアウトも取れないまま、わずか9球で降板。敗戦投手になってしまう。最後に対戦したバッターは5年前、津田の真っすぐの威力の前に手首を骨折した原辰徳だった。

同僚の大野豊の目にも津田の異変は読み取れた。

「頭の感覚と腕の感覚が一致してないような感じに見えました。だから、とんでもないボールになるか、ストライクになっても打者には打ちごろの半速球になってしまう。すでに身体が変調をきたしていたんでしょうね。でも、僕らはそれまで何も気づかなかった。津田がいかに我慢強かったかということです」

翌日、津田は検査のために入院し登録抹消。5月15日には球団が緊急会見を開き、津田の病名が水頭症であることを発表した。

「津田のために」を合言葉に

津田の離脱により広島のブルペン陣は苦しくなる。前年夏に先発からリリーフに配置転換された大野と、右肩痛からの復活を目指す津田のダブルストッパーが山本浩二監督の描く青写真だったが、開幕早々、抑えの重責を大野一人が担うことになった。この時代のストッパーは1イニング限定ではなく、回またぎは当たり前である。

「10年前に抑えをやっていたので、その難しさも重圧の大きさも分かっていた。こりゃあえらいことになったなと思いましたね」（大野）

当時の広島は投高打低。のちにチームの看板選手となる前田智徳はまだ20歳、江藤智も21歳。チームリーダー野村謙二郎も25歳と、野手の多くはまだ発展途上だった。

一方、投手陣は北別府学、川口和久、佐々岡真司ら先発は充実している。抑えが万全なら確実に勝ち星が計算できるというのが、山本の読みだった。

大野は津田の抜けた穴を埋める大活躍で期待に応えた。4月18日の阪神戦から14試合連続セーブの日本新記録を樹立（当時）し、チームも5月は9連勝の快進撃で首位に立った。

しかし好調は長続きせず、6月に入って首位を陥落すると、ずるずる4位まで後退する。オールスター前には首位・中日に最大7・5ゲーム差をつけられた。山本から選手に、津田が水頭症ではなく、手術では摘出することが難しい脳腫瘍だと告げられたのはそんな夏の暑い日だった。再び野球ができる可能性がゼロに近いどころか、生死の境をさまよっていることを知らされたのである。

チーム全員が「津田のために」という思いで一つになったのはこの頃からだ。当時を大野と

闘志溢れるピッチングから「炎のストッパー」と呼ばれた津田恒実。津田は 1991 年４月に脳腫瘍のために戦線を離脱。クローザーを失ったチームは６月、窮地に立たされるが「津田のために」を合言葉に見事に復活する。（写真提供：産経ビジュアル）

達川が振り返る。

「勝って津田を勇気づけよう、津田を優勝旅行に連れて行こうって選手が口々に言うようになりましたね。ぼくもマウンドに立つと、左肩に津田がいるような気がして、強気で勝負できた。津田なら、この場面でも絶対逃げないはずだって……」（大野）

「みんな津田のことが好きだったのよ。あいつが一番喜んだのはチームの勝利。チームが勝つことに比べりゃ、自分がセーブを記録するとか、そんなのはちっぽけなこと」（達川）

広島は8月を13勝11敗で乗り切ると、9月5日からは6連勝で首位に立ち、そのまま中日を振り切り、ゴールを駆け抜けた。

1991年10月13日の阪神戦。胴上げ投手は大野だ。8回無死一塁、1対0の痺れる場面で登板すると、この回を無安打で切り抜け、9回は鮮やかに3者三振で締めくくった。

広島の優勝を誰よりも喜んだのが病床の津田だった。「必ず復活する」との執念で一時は驚異的な回復も見せるが、1993年7月20日、ついに帰らぬ人となった。まだ32歳だった。

現在、本拠地マツダスタジアムには津田の功績を称えた顕彰板、通称「津田プレート」が一塁側ブルペンとベンチをつなぐ通路に設置されている。広島の投手は必ずこれに触れてからマウンドに向かうのが習わしだ。津田の闘志は今も広島カープに受け継がれている。

逆転名勝負15

【1973年10月24日】

野村克也

死んだふりから鮮やかに復活 「策士」「智将」と言われた男の原点

プロ野球で最も孤独で、困難をともなうのが監督という仕事だろう。しかし、監督よりさらに難しい仕事がある。それは選手兼任監督、いわゆるプレーイングマネージャーだ。

戦中から戦後まもなくの、選手不足に加え野球の戦術がそれほど複雑ではなかった草創期には兼任監督は多数存在した。その筆頭が南海の鶴岡一人である。選手兼任監督として1946、1948、1951年と3度優勝し、3度ともMVPに輝いている。

しかし、野球が複雑化、高度化していった1970年以降に限れば、選手兼任監督は野村克也（南海）、村山実（阪神）、古田敦也（ヤクルト）、谷繁元信（中日）の4人しかいない。

4人のうち3人が捕手なのは偶然ではない。捕手だけが審判に背を向け、フェアゾーン90度

を見渡しているわけで、目線はベンチにいる監督に近い。しかも投手の投球を1球1球考え、試合をつくり、野手に守備位置の指示も出す。敵の監督だけでなく、球審の性格や癖まで目配りを欠かさない。映画にたとえれば、シナリオライターのような役割を担っているわけで、グラウンドでは監督以上の存在といっていい。しかし、捕手といえども監督を兼ねることがいかに激務であるかは古田と谷繁の成績が証明している。

古田は監督を兼任した2年間で合計46試合にしか出場していない。2年目は10試合、19回の打席にしか立っていないから、監督専任に近い。谷繁も兼任時代の3年間で一番成績が良かった年でさえ出場試合数は100を割り、ホームランはわずかに1本。

そう考えると、野村の成績は突出している。1970年に監督兼任になると、以後の8年間でシーズン平均25本塁打、81打点。しかも打点王（72年）とMVP（73年）を1度ずつ獲得している。監督としても8年間でAクラスが6度。リーグ優勝も経験しており、これは村山を含めた4人の兼任監督のうち野村しかいない。

その優勝が1973年。後に「智将」とも「策士」とも評されることになる、「監督・野村克也」の原点といっていいシーズンだった。

2シーズン制で光った〝弱者の兵法〟

パ・リーグは深刻な観客動員減少を打開する目的で、この年から「2シーズン制」を導入している（1982年まで）。前・後期65試合ずつを戦い、それぞれの優勝チームが5回戦制のプレーオフを争うことになったのだ。

これを好機到来ととらえたのが野村だった。当時、パ・リーグで隆盛を極めていたのは西本幸雄監督率いる阪急である。福本豊、長池徳二、加藤秀司ら好打者、強打者が揃う打撃陣と、米田哲也、山田久志という絶対的なエースを擁する投手陣はともに頭一つ抜けていた。

130試合をまともに戦ったら、戦力的には勝負にならない。しかし「前後期のどちらかを死にもの狂いで制することなら可能かもしれない。5回戦制のプレーオフに持ち込めば弱者にも利はある」と考えたのが野村だった。

思惑通り、野村は2位ロッテを2ゲーム離して、前期を制覇する。

前年にトレードで獲得した江本孟紀を軸に、巨人から移籍してきた山内新一、松原明夫（後に福士敬章）らを巧みに操縦し、38勝26敗1分け。38勝のうち完投勝利が23を数えるなど、まさに投手力でもぎとった前期優勝だった。巨人で前年は勝ち星のない山内に至っては野村のリードで生まれ変わり、前半だけで14勝、シーズン20勝8敗を挙げる大活躍を見せた。

ところが、後期の南海は30勝32敗3分けの3位。優勝の阪急には13ゲーム差をつけられる有り様だった。もし130試合制だったら、南海は68勝58敗で、首位の阪急とは9・5ゲーム差の3位だ。何しろ阪急相手に12敗1分けと1勝もできず、そのふがいなさから「前期の優勝はフロックだ」と、ファンにもマスコミにも叩かれた。

もちろん、プレーオフの下馬評は圧倒的な阪急有利。しかし、これこそ野村が望む展開だった。「戦力はどうみてもあちらさんのほうが上。しかし阪急は大試合に弱い」とスポーツ紙を通して挑発。阪急が日本シリーズで巨人に5度敗れていることを持ち出し、心理的な揺さぶりをかけることも忘れなかった。後にヤクルト監督になって、長嶋巨人に対し「今日はカンピューター采配に勝たせてもらった」と揶揄したり、オリックスとの日本シリーズを前に「イチローの弱点は内角」と盛んに口撃したのと同じやり方である。

野村によれば、戦いには騙し合いの一面があり、策を弄するのは当然だという。そして、その策には「敬遠の策」「増長の策」「挑発の策」の3つがある。

「敬遠の策」とは簡単に言えば「寝た子は起こすな」ということ。これに失敗したのが89年の日本シリーズの近鉄である。巨人相手に3連勝した試合後、ピッチャーの加藤哲郎が「巨人はロッテより弱い」と発言。眠っていた巨人はこれで目覚め、近鉄は4連敗を喫した。

「増長の策」とは相手を褒めまくること。人間誰も褒められれば悪い気はしない。しかし、そこに心の隙が生まれることがある。油断だ。そして、このときのプレーオフで阪急相手に執ったのが「挑発の策」だった。「大試合に弱い」という指摘は少なからず阪急に嫌なイメージを抱かせたはずである。

偶数試合は捨てゲームにする

さらに野村の考えた戦略が奇数試合を絶対に取ることだった。プロ野球の短期決戦ではしばしば第2戦が重要だと言われる。第1戦は負けてもいいから相手選手の調子を判断するなど直近のデータを収集するという考え方だ。しかし戦力で劣る南海にそんな余裕はない。とにかく初戦を取り、あとは3、5戦に戦力を集中し、2、4戦は捨てゲームでいいと考えたのである。そのために奇数試合には野村が一番信頼を寄せる江本を登板させる作戦だった。

第1戦は2回に3点を挙げて逆転すると、早めの継投で最後に江本を投入して4対2で辛勝。第2戦はスコアこそ7対9だが、5回で1対8と早々に負けを覚悟している。第3戦は6対3で江本が完投勝利。第4戦は1対13と大敗した。

こうして勝ったほうが優勝の大一番が1973年10月24日、西宮球場で行われた。試合は南海・山内、阪急・山田の白熱の投手戦が繰り広げられ、0対0のまま最終回に突入。9回表二死から均衡を破ったのはウィリー・スミスの一発だった。この日、スミスは7回一死満塁で代打に起用されて、三振に終わっている。そのまま守備につかせたのは「山田から連打は難しい。試合はホームランで決まる」という野村の読みがあったからだ。続く広瀬叔功が気落ちした山田から初球をホームラン。

しかし、その裏の南海はリリーフの佐藤道郎が二死から代打の当銀秀崇にホームランを浴び、2対1。打席に迎えるのは後に代打本塁打の世界記録を樹立する高井保弘だ。

高井の苦手は内角の速球。ここで野村は軟投の佐藤から江本への交代を告げる。江本の威力あるストレートに賭けたのだ。ところが江本は胴上げに備え、すでに運動靴を履いていた。あわててスパイクに履き替え、ベンチ前で数球投げただけでマウンドに上がると、見事に高井を三振に斬り、南海は7年ぶりの優勝を決めたのだった。

この年の野村南海の逆転劇については「死んだふり作戦」、「後期は手抜き」との批判もあった。しかし、野村はこう主張する。

「別にルールを破ったわけではないし、弱者が強者に真正面から挑んでも勝てる見込みは薄い。戦力をどう使い、どこに集中させるかは戦略の一つだからな」

その後、ヤクルト、阪神、楽天で監督を務め、日本一を3度も経験した野村だが、ここまで自分の計算通りに行ったシーズンは一度もなかったことを認めている。

1973年10月24日、パ・リーグのプレーオフを制して胴上げされる南海・野村克也選手兼任監督。監督、捕手、4番という重責を担いながら、打率.309、28本塁打、96打点の成績を残し、パリーグMVPにも選ばれた。（写真提供：産経ビジュアル）

逆転名勝負16

松井秀喜【2003年10月16日】

求めていた場所はここに　ゴジラが飛び上がって吠えた日

仕事柄、スポーツ選手だけでなく俳優、ミュージシャンから職人までさまざまな分野の人にインタビューする機会がある。約束通りの時間に現れる人もあれば、そうでない人もいる。

これまで取材場所に一番遅れてやってきたのは内田裕也である。かれこれ30年以上前の話なのだが、3時間以上の遅刻だった。当時、内田の付き人をしていた大柄な男性が内田の自宅に何度も電話を入れ、そのたびに、

「本人が行くと言っていますから。絶対に来ますから」

と、申し訳なさそうに謝るのを信じて待ち続けた。

3時間が過ぎた頃、自ら指定した赤坂のホテルに内田が現れた。二日酔いで、酒の臭いをプ

ンプンさせている。

　腹も立ったが、取材にハプニングは付きものである。むしろ取材する側としてはハプニングを歓迎すべきかもしれない。事実、このときも二日酔いになるまで飲んだ理由を聞き、内田裕也らしくていいなと、なんとなく得した気分になったものだ。少なくともこうして30年経っても原稿に書けるネタを提供してくれたのである。

「きのうの夜、テレビで日本アカデミー賞の授賞式をやっていただろ。そこに最優秀主演男優賞にノミネートされた松田優作とショーケン（萩原健一）がいるじゃねぇか。それを見てたら、無性に悔しくなっちゃって……。なんで、二人の横にオレがいねぇんだよ、そう思ったら、飲まずにはいられなくてさあ。今日のおたくらの取材のことは分かっていたんだけど、つい深酒してしまった。申し訳ない」

　少し説明を加えると、内田の言葉にある日本アカデミー賞の発表が行われたのは１９８６年2月。松田優作は『それから』（森田芳光監督）、萩原健一は『恋文』（神代辰巳監督）でノミネートされ、最優秀主演男優賞は『花いちもんめ』（伊藤俊也監督）の千秋実だった。

　内田が松田優作と萩原健一に嫉妬したのは、自分もこの2月に主演と脚本（共同）を兼ねた映画『コミック雑誌なんかいらない』が公開されたばかりだったからだ。それまで『水のないプール』『十階のモスキート』といった秀作に主演してきた内田にとって最高の自信作だった。

だから、本来なら自分も松田、萩原と並んで授賞式のステージに立っているべきだと考えてもおかしくない。しかし、『コミック雑誌なんかいらない』は『それから』や『恋文』とは公開時期が違うため、この年の日本アカデミー賞の対象とはならなかったのである（残念ながら、翌年も日本アカデミー賞にはノミネートされなかったが）。

内田の話はすこぶる面白かった。遅刻に対する詫びの気持ちもあったのか、とにかく饒舌で、3時間待たされたことなどすっかり忘れて話に聞き入った。

取材で見えた松井秀喜の人間力

いつか内田裕也の遅刻について書きたくて、つい前置きが長くなってしまったけれど、ぼくが取材したなかで2番目の遅刻が松井秀喜である。

松井の遅刻については編集者や同業のライターからも聞いて知っていたこともあり、ある程度覚悟はしていたが、問題は終わりの時間が決まっていたことだった。残された時間で6ページの原稿を埋めるだけの話を聞き出すことができるのだろうか。そんな心配をしていると、松井は1時間以上遅れて取材場所のホテルの一室に一人で入ってきた。

「遅れてしまって申し訳ありません。後ろの時間は気にしていただかなくて結構ですから。何でも聞いてください」

こちらの気持ちを察しているような態度がさわやかだった。マネージャーがいるわけでもなく、一人で来たところも好感がもてた。遅れたからと、とりわけリップサービスがあるわけでもないのだが、質問の一つ一つに誠実に答える姿から番記者がみんな松井ファンになってしまうのも少し分かる気がした。

取材したのはヤンキース入団5年目のシーズンを終えたオフだから、メジャーリーガーの風格を身にまとい、一際大きく見えた。

インタビューは彼のアマチュア時代がテーマでもあり、当然、甲子園での5打席連続敬遠についても話は及んだ。はっきり覚えているのは松井がこのとき自分の感情をどうコントロールしていたかについて語った言葉である。

「あそこで5回敬遠されたからといって腹立ちも怒りの感情もありませんでした。それより試合に負けたことのほうが悔しかった。ぼくは勝てる試合だと思っていましたから。結局、ぼくが敬遠されたことでチームの雰囲気が変わってしまったんでしょうね。みんな今日は松井抜きで戦わなくてはいけないということを、必要以上に意識してしまった。別にぼくが打てなくても、他の選手が打って勝った試合なんていくらでもあるわけです。でも、あの日の試合はそれができなかった。相手はそうしたチームの動揺を狙ってぼくを敬遠したんでしょう。感情の揺れは勝負にあってはプラスに働かないと思います」

メジャーで咆哮したゴジラ

そう語る松井が、おそらく生涯でたった一度だけ感情を爆発させた試合をぼくたちは目撃している。その場所は日本の甲子園球場でも、東京ドームでもなく、ニューヨークのヤンキー・スタジアムだった。

松井が記者会見での素晴らしいスピーチを残して、メジャーへと飛び立ったのは2002年の日本シリーズが終わった後だった。

「何を言っても裏切り者と言われるかもしれませんが、いつか『松井、行ってよかったな』と言われるように頑張りたいと思います。決断した以上は命を懸けて戦ってきます」

「裏切り者」「命を懸けて」という言葉にどれだけ悩み抜いたうえでの決断だったかが垣間見え、少し驚いた。松井らしい誠実さに心を動かされながらも、一方で松井以上のパワーヒッターがごろごろいるメジャーに行って苦労するより、日本に残ってホームラン記録の更新に挑む道もあるはずだと余計な心配をしたのも事実である。

実際のところ、松井のメジャー1年目、2003年のシーズンは順調というわけにはいかなかった。日本とは比べものにならないほど速く、鋭く、大きく、手元で変化するカットボールやツーシームに翻弄され、なかなか打球が上がらず、辛辣なニューヨークのメディアから「ゴロキング」と揶揄された時期もあった。

しかし、終わってみれば打率・287、16本塁打、107打点。本塁打の数に目をつぶれば、3ケタの大台に乗せた打点の数に松井の真価が現れていると言えるだろう。

しかし、松井がメジャーリーグという最高峰においても並みのプレーヤーでないことを見せつけたのはポストシーズンだった。

ツインズとの地区シリーズで日本人選手初のポストシーズン本塁打を放つと、敗れはしたもののナショナルリーグを制したマーリンズとの戦いにおいても日本人選手として初のワールドシリーズ本塁打をマークしている。だが、松井秀喜を語るうえで忘れられないのはヤンキースと宿敵レッドソックスとのリーグチャンピオンシップである。

3勝3敗のタイで迎えた10月16日の第3戦。試合はヤンキースがロジャー・クレメンス、レッドソックスがペドロ・マルチネスの両エースの先発で幕を開けた。

マルチネスはヤンキース打線を7回までジェイソン・ジアンビのソロホームラン2本の2点に抑える好投を見せるが、クレメンスはレッドソックス打線に4点を奪われて早々と降板。8回表にデビッド・オルティスのホームランが飛び出したところでレッドソックスは5対2とリードし、勝負あったかと思われた。

ところが、8回裏一死から、サイ・ヤング賞3回のメジャー屈指の右腕マルチネスにヤンキース打線が牙をむき、怒涛の攻撃を見せる。

デレク・ジーターの二塁打とバーニー・ウィリアムスのタイムリーヒットで1点を返すと、次の松井は2ストライクと追い込まれながらも右翼線に痛烈な二塁打を放つ。観客が打球に触れたため、エンタイトルツーベースとなったのだが、松井にとってはシーズン中、手も足も出なかった相手をようやく仕留めた一打でもあった。

これで二、三塁と好機が広がり、ホルへ・ポサダが詰まりながらもセンター前に打球を落とすと、二塁走者の松井も帰って、ついに同点。試合は延長11回裏、ヤンキースのアーロン・ブーンのサヨナラホームランで終止符が打たれた。

衝撃的だったのは逆転勝利そのものではない。8回裏、ポサダの中前打で歯を食いしばって激走し、ホームベースを踏んだ松井が1メートル以上もジャンプして、思わず大きく口を開けて吠えたシーンだ。満塁ホームランというこれ以上ないビッグサプライズで本拠地ヤンキー・スタジアムのデビューを飾ったときも淡々とベースを1周した松井である。18歳の若さで、5打席連続で敬遠されながらも、足元に静かにバットを置き、顔色一つ変えずに一塁へ歩いた松井である。そんな男が感情をむき出しにして咆哮した姿を見たとき、ふと「命を懸けて」とい

2003年10月16日、アリーグチャンピオンシップ第3戦。8回裏、ホルヘ・ポサダのセンター前ヒットで同点のホームを踏んだ松井秀喜。何かを叫びながら大きく飛び跳ねたその姿に、海を渡ったゴジラの覚悟を見た。（写真提供：共同通信）

う記者会見の言葉が蘇った。

ああ、このグラウンドには松井をこれほど熱くさせるものがあるのだ。松井はここで命懸けの戦いを挑んでいる。メジャーに行って本当によかった。心の底からそう思えた。

同時に野茂英雄ともイチローとも違う、松井秀喜のドラマが始まるのだという予感に胸が高鳴ったものである。

そして、予感は間違っていなかった。

メジャー1年目から3年連続で打点は100の大台を超え、2004年には今もアジア人最多の31本塁打を記録した。2006年には左手首を骨折し、日本時代からの連続出場が1768試合で途切れた。その後も両ひざを故障し、満身創痍となったが、2009年のワールドシリーズではゴジラ並みの破壊力でフィリーズを粉砕した。初戦に決勝アーチを放つと、第3戦でも勝利につながる一発。王手をかけたヤンキー・スタジアムでの第6戦は先制2ランを含む1試合6打点の活躍で、ワールドシリーズMVPに選ばれたのだ。

もし内田裕也が野球好きで、しかもこの試合を見ていたら、なんと言うだろうか。

「シェケナベイビー（さあ、踊ろうぜ）！」

ぜひとも十八番のフレーズで決めてほしい、そんなゴキゲンなゲームだった。

逆転名勝負17

【2006年3月20日】

ＷＢＣ日本代表

無念と屈辱からの鮮やかなリベンジ 3度の敗戦を乗り越え、奇跡の世界一

ＷＢＣがあることに心から感謝している。

１９９４年の「10・8決戦」を体験したとき、もう二度とこんな緊張や興奮や忘我の時間を味わうことはないだろうと思ったものだ。あれに優るゲームは少なくともぼくのなかではずっとなかった。いや、そう思おうとしていただけかもしれない。そんな偏狭で、固陋《ころう》な頭を揺さぶり、目を開いてくれたのが２００６年３月に開催された第１回ＷＢＣだった。

当初はＷＢＣがどんな大会なのか、その位置づけも分からなかった。サッカーのワールドカップのような真剣に世界一を狙う大会なのか。メジャーが野球ファンを拡大するための親善イベントなのか。今でも曖昧なところは少なくないが、第１回大会における日韓両国の白熱の

激闘と、日本がアマチュア世界一と言われていたキューバを破って優勝した番狂わせが事態を大きく変えた。大会を重ねるごとに観客動員数は伸び、祖国の旗の下に集って戦う代表選手のモチベーションは上がっている。もちろん開催時期の問題を含め課題はいくつもあるし、参加国の真剣さの度合いが増すほど日本は世界一から遠のくのかもしれないけれど。

誤審、屈辱的敗北……白熱の二次ラウンド

16カ国が参加した第1回大会は、1次ラウンドと2次ラウンドが4カ国による総当たりのリーグ戦で、ここを勝ち上がれば一発勝負の準決勝、決勝へと進む方式だった。つまり1、2次ラウンドは1つ負けても必ずしも大会からの脱落を意味しない。事実、日本は1次ラウンドでは1敗、2次ラウンドでは2敗している。それでも準決勝に駒を進めることができたところに第1回ＷＢＣの奇妙な面白さもあった。あとから振り返ると、敗戦が次の試合の伏線にもなり、勝利の歓喜をより大きなものにしていたのがよく分かる。

東京で開催された1次ラウンドで日本は中国、台湾をコールド勝ちで撃破する。しかし、3連勝で1位突破するはずが、3戦目の韓国に惜敗。8回、石井弘寿が李承燁《イスンヨプ》に逆転2ランを浴び、最後は韓国人メジャーリーガー第1号の朴賛浩《パクチャンホ》に抑えられた。

舞台をアナハイムに移した2次ラウンドでも日本の苦難の道は続く。

初戦の相手はデレク・ジーター、アレックス・ロドリゲス、ケン・グリフィー・ジュニアらスーパースターが顔を揃えるドリームチームのアメリカ。日本代表がメジャーリーガー相手にどう戦うか、大会前から最も見たかったゲームである。初回、イチローが先頭打者本塁打を放ち、2回には川崎宗則が2点タイムリーヒット。投げてはアマチュア時代から国際大会で負け知らずの上原浩治がテンポのいい投球でゲームをつくり、5回1失点の好投を見せる。

しかし、ここから試合は暗転していく。6回、二番手の清水直行がボールにツバをつけたと審判に不正投球を指摘されてリズムを崩すと、デレク・リーに同点2ランを浴びる。8回表には一死満塁から岩村明憲のレフトフライで三塁ランナーの西岡剛が勝ち越しのホームを踏むのだが、主審ボブ・デイビッドソンが西岡の離塁が早かったというアメリカの抗議を受け入れ、アウトを宣告。結局、9回裏、A・ロッドのサヨナラヒットで敗れた。

試合後の会見で、王貞治監督が「野球がスタートした国であるアメリカで、こういうことがあってはいけない」と厳しい口調で語る姿が印象的だった。

次のメキシコ戦を6対1で快勝した日本だが、3戦目の韓国戦で再び試練が訪れる。

球場の近くにコリアンタウンがあるため、観客の大半は韓国の応援団だった。「テーハミング」の大合唱がスタンドに響き渡り、1次ラウンド前に「向こう30年、日本にはちょっと手を出せない、そんな感じで勝ちたい」と発言したイチローへのブーイングはとりわけ大きかった。

日本は先発の渡辺俊介が6回1安打に韓国打線を抑えるが、攻撃も朴の前にあと1本が出ない。8回裏、かつて中日に在籍した李鍾範《イジョンボム》がランナー2人を置いてセンターオーバーの二塁打を放ち、2点を先制する。日本は9回に西岡のソロホームランで追い上げたが、後が続かず、韓国に連敗を喫してしまった。

勝利が決まった韓国チームは太極旗をマウンド上に立てるという明らかにマナーに反する行為を見せた。屈辱感を味わうと同時に、国の威信を懸けて日本と戦うときの韓国の逞しさ、士気の高さを感じないわけにはいかなかった。

この段階で日本の第一回WBCは終わったと誰もが思ったはずである。現地に取材に行った記者のなかには決勝ラウンドの開催地サンディエゴのホテルをキャンセルして帰国した人もいたらしい。

ところが、翌日、メキシコがアメリカ相手に2対1でまさかの勝利。日本、アメリカ、メキシコの3チームが1勝2敗で並び、失点率の差で日本の準決勝進出が決まった。ルールに救われた、いや、自国審判の誤審で勝ったアメリカに勝利の女神は微笑まなかったと言うべきだろう。韓国に2敗した日本は地獄から天国へ這い上がる最後の切符を手にしたのである。

初代世界一の座を賭けた日韓戦

韓国に連敗後、「ぼくの野球人生で最も屈辱的な日」と吐き捨てたイチローは、準決勝を前にきっぱりと雪辱を誓っている。

「日本が同じ相手に3度負けるわけにはいかない」

マウンドを託されたのはアメリカ戦でも快投を見せた上原だ。この日はストレートとフォークにスライダーを交えたピッチングで韓国打線を翻弄し、7回を投げ3安打、無失点、四死球ゼロ。しかし日本の攻撃ももどかしく、ホームに一人も還ってこない。

重い曇天のような空気が変わったのは7回表だった。先頭の四番・松中信彦が右翼線に二塁打。二塁にヘッドスライディングし、ベースを拳で叩く姿に死に物狂いで戦う人間の凄みが見えた。一死後、王がコールしたのは「代打・福留」だった。

実はこの試合で王は打順に手を入れている。ここまで19打数2安打と不調の福留をスタメンから外し、一番のイチローを三番に、一番には青木宣親を入れた。しかしバッティング練習で復調しつつあるのを見た王は福留に「大事な場面で使う」ことを伝えていた。

以前、福留が勝負強さの秘訣を語ってくれたことがある。

「練習するときは『自分が一番下手』、試合に出たときは『自分が一番うまい』と思うようにしていまず。練習では謙虚に自分は下手だと思うから、最後まで妥協せずにがんばれる。逆に試合になったら、誰よりも自分が優れていると信じる。そうやって自分に自信をもってプレーできれば、どんな大事な場面でも萎縮せず、自分の力を出せますから」

おそらく、この場面も「自分が一番」と信じて打席に立ったはずだ。

マウンドにはメジャー通算86セーブの金炳賢《キムビョンヒョン》。金の3球目のストレートを福留のバットがとらえると、打球はホームランの出にくいペトコパークの右翼席に一直線に飛び込んだ。福留が拳を突き出し、感情を爆発させて叫ぶ姿は完全にベンチの思いと共振しているようで、この大会のハイライトシーンだった。この回、日本は攻撃の手を緩めず5得点。その裏、上原が3者連続三振で韓国打線を圧倒すれば、リリーフした薮田安彦、大塚晶則も反撃の糸口を与えない。8回には多村仁のソロホームランも飛び出し、6対0と完勝した。

3月20日。決勝のキューバ戦は先発の松坂大輔が好投し、日本が終始リードする、安心して見られる試合だった。8回裏に1点差に詰め寄られても9回に4点を奪って突き放す展開は準決勝の勢いそのまま。10対6でキューバを倒し、初代の王者に輝いた。

あれから10年以上が経ち、WBCの開催は4回を数える。現在、日本中が熱狂し、野球少年たちの夢をつなぐプロの舞台と言ったら、ここに勝る場所はない。

2006 年の第一回ＷＢＣの準決勝、７回裏に先制の２点本塁打を放つ福留孝介。日本代表はこの一発で復活。一挙５得点を挙げて試合を決定づけると、続く決勝のキューバ戦も快勝。世界一の座まで一気に駆け上がった。（写真提供：共同通信）

逆転名勝負18

【１９８６年10月27日】西武ライオンズ

捕手出身、同い年の新人監督対決はシリーズ史上初の8戦勝負へ

１９６０年代から１９７０年代前半が巨人の時代だったとするなら、１９８０年以降の約20年は西武の時代だった。強い巨人の時代が日本の高度成長期と軌を一にしていたように、西武が台頭した時代はバブル経済の時期と重なっている。

一般にバブル景気は１９８６年からとされているが、西武もこの年、清原和博がプロ1年目、そして24歳の秋山幸二、21歳の渡辺久信、23歳の工藤公康ら当時、「新人類」であるとか、「ヤング・レオ」と呼ばれたプレーヤーが躍動し始めたシーズンだった。

監督は広岡達朗から森祇晶に変わり、以後、森が指揮を執った9シーズンで、実にリーグ優勝8回、日本一6回を数えることになる。つまり、バブルが始まった１９８６年は西武にとっ

ては節目の年だった。

似たもの同士の頂上決戦

この年、西武が日本シリーズで対戦したのは広島なのだが、両チームには共通点が少なくなかった。広島も西武と同様、古葉竹識監督のもとでずっとコーチをしてきた阿南準郎《あなんじゅんろう》が新監督に就任。新人監督同士がシリーズを戦うのは史上初のことであり、しかも2人は同じ1937年生まれ（森は1月9日、阿南は9月2日だから学年は森が一つ上）の49歳だった。

ペナントレースを激戦のうえに制したところもよく似ていた。西武は近鉄とデッドヒートを繰り広げ、優勝を決めたのは129試合目。広島も終盤に猛追してきた巨人とのマッチレースに決着をつけたのは129試合目だった。その差はわずか3厘。

そんな両チームがペナントレースの余韻も冷めやらぬまま戦いの火ぶたを切ったシリーズは、史上初めて第8戦までもつれた。

第1戦は広島・北別府学、西武・東尾修の両エースの先発で始まり、前半2点をリードした西武が東尾の8回まで三塁を踏ませない好投もあって、そのまま逃げ切るかと思われた。ところが、9回裏、一死から小早川毅彦、山本浩二の連続ホームランで広島が同点に追いつくと、延長戦は両チームのリリーフエースが好投。結局、両チームとも無得点のまま延長14回、2対2の引き分けに終わった。

広島・大野豊、西武・工藤の両サウスポーによる緊迫の投手戦となった第2戦は広島が2対1でものにした。続く第3戦も広島が盗塁やバントヒットなど得意の機動力を駆使して7対4で快勝すると、第4戦も金石昭人からクローザーの津田恒実につなぐ好リレーで3対1と勝利し、3連勝。あっさり王手をかけた。

第5戦は初戦と同じ北別府、東尾の投手戦となり、やはり1点を巡る攻防となった。この試合から三番に入った石毛宏典がタイムリーを打てば、広島も7回、長嶋清幸の三塁への盗塁が西武のキャッチャー伊東勤の悪送球を誘って同点。流れは広島に傾くかと思われたが、延長10回からリリーフで登板した工藤が踏ん張る。

12回裏、それまで耐え忍んでいた西武に願ってもない好機が巡ってくる。先頭の辻発彦が四球で歩き、続く伊東の送りバントで二塁へ。この段階で北別府の投球数は170球に達しており、阿南は「ピッチャー、津田」を告げる。

打席には工藤。指名打者制のパ・リーグでピッチャーが打席に立つことはまずない。工藤が津田を打てるとは西武ベンチも思っていなかったはずである。津田はここまで3試合に登板して一人のランナーも許していない。

工藤は内角のストレートだけを待った。キャッチャーの達川光男に前の打席で死球を当てていることから、必ず内角を突いてくるという読みがあったからだ。津田が投じた1ボールからの2球目、読み通りの内角のストレートを「1、2、3」のタイミングで叩くと、打球はライト線に弾む二塁打となり、辻が生還してサヨナラ勝ち。西武がやっと一矢報いた。

達川によれば津田のコンディションは万全ではなかった。すでに時刻は5時に近く、所沢の西武球場は肌寒かった。前年に血行障害の手術をした津田の指は血の巡りが良くないのか、冷たかった。投球練習の前にマウンドの津田はこう漏らしている。

「達川さん、寒くないですか。僕、指が冷たいんですけど」

工藤に打たれたストレートの球速は138キロ。たしかに、指にかかった津田の150キロのボールではなかった。いずれにしても工藤の一打でシリーズの流れは変わった。

森の投手起用も光った。第2戦で負け投手となった工藤をこの試合からリリーフに回すと、第6、8戦でもクローザーに起用。工藤は期待に応えて獅子奮迅の働きを見せた。代わりに先発に回ったのが第1戦のリリーフで好投した渡辺である。

その渡辺が第6戦では先発で6イニングを3安打1失点、7回から工藤がきっちり締めて3対1で勝利すると、第7戦も松沼博久、郭泰源のリレーで広島打線を散発6安打に封じ3対1。崖っぷちに立たされていた西武が逆王手をかけたのである。

勝敗を分けたのは覚悟の差

10月27日。運命の第8戦は先発・金石の2ランで広島がリードし、西武が6回、秋山の2ランで同点。勝負を決めたのは大田卓司の予想外の二盗だった。8回、無死一塁で送りバントに失敗し、大田自身は一塁に生きたが、秋山が三塁ライナーに倒れ二死一塁。ジョージ・ブコビッチのカウントが1－2となったところで果敢に走って二塁を盗んだ。大田は現役18年の間に25盗塁しかしていない。「金石は追い込んだらフォークボール」というデータを信じての盗塁だった。不意を突かれた広島バッテリーはダメージを隠せない。ブコビッチは甘い速球をとらえ、センターの頭上を越える二塁打。大田が還って、これが決勝点となった。

西武は3連敗後に立ち直り4連勝。3連敗からの4連勝は西武の前身である西鉄が1958年に記録して以来。その後も1989年に巨人が近鉄を相手に記録しているだけである。

この年、西武と広島が8試合で挙げた得点はともに19点。チーム防御率は西武が1・94、広島が2・04。シリーズ前に西武・伊東と広島・達川のキャッチャー対決になると予想された通りの展開になった。

2人の非情なリードはデッドボールの数に表れている。両チーム合わせて6個。このうち、

広島との日本シリーズを制して、喜びを爆発させる西武ナイン。この試合のクローザーを務めた工藤公康（左から２番目）は当時プロ入り５年目の23歳。シリーズで１勝２Ｓをあげ、日本シリーズＭＶＰに選ばれた。（写真提供：産経ビジュアル）

伊東と達川が2個ずつ受けている。第5戦で達川が2個目のデッドボールを食らうと、第6戦に先発した大野は4回表、「もう黙っているわけにはいかない」と伊東にぶつけた。大野は意識して当てに行ったのは生涯でこのときだけだと語っている。

9回表、伊東が打席に入ると、達川は提案する。

「いろいろあったけど、もう当てやいこはやめて、正々堂々とやろうや。この打席は安心してバッターボックスに立ってくれ」

達川はマウンドの小林誠二にアウトコースの真っすぐを要求する。ところが、このボールがすっぽ抜けて、伊東の左頬を直撃。伊東は担架で運ばれ、広島市内の病院に救急車で直行した。痛みで一睡もできなかったと言われる。誰もが翌日の第7戦は出られないと思っていたが、伊東は平然とマスクをかぶり、いつも通りピッチャーをリードした。

達川が面と向かって伊東に謝罪したのは、伊東が西武の監督になってからだった。

「大丈夫ですよ。もう気にしていません」

笑いながら、こうも付け加えたという。

「勝負はやるか、やられるかですから」

この胆力と覚悟が1986年の日本シリーズの勝敗を分けたのかもしれない。

【第三章】

ファンに勇気を与えた「感動の復活劇」

逆転名勝負19

王貞治【1971年9月15日】

大スランプにあえぐ世界の王が生涯でただ一度だけ涙を見せた一発

前人未到の通算868本塁打の世界記録を持つ王貞治には、自らが認める5本のメモリアルアーチがある。

プロ入り第1号（1959年）、当時の日本新記録だったシーズン55号（1964年）、ハンク・アーロンのMLB記録を破った通算756号（1977年）。ここまでは現役時代の王を知らないファンにも想像がつくかもしれない。問題は残る2本。今挙げた3本以上に、王本人にとっても、現役時代の王を知るファンにとっても最高にドラマチックなホームランだった。

ともに1971年に記録している。1本は日本シリーズで阪急の山田久志から打った逆転サヨナラ3ランである。

10月15日、1勝1敗で迎えた第3戦。絶好調の山田の前に巨人は8回までわずか2安打。スコアこそ0対1だが、敗戦の気配は濃厚だった。最終回、二死一、三塁で四番の王に打席が回ってきた。ここで1‐1のカウントから山田が投げた内角低めのストレートをライナーで右翼スタンドまで運んだのだ。めったに感情を表に出さない王がバンザイをしながら塁を回る姿が印象的だった。当時の写真を見ると、冷静沈着な川上哲治監督もグラウンドを飛び出し、手を叩いてはしゃいでいる。

シリーズ前の予想では「巨人劣勢」が伝えられたが、この球史に残るホームランで巨人は勢いを得て、阪急を4勝1敗で下した。

そして、王が認める5本目のメモリアルアーチが同じ年のシーズン終盤、甲子園球場で阪神の江夏豊から放った逆転3ランだ。王が868本の中で唯一涙を見せた一発でもある。

かつてない不調に襲われたシーズン

1971年は一本足打法に転向していきなり本塁打王になった1962年以来、王が最大のスランプを味わったシーズンだった。それでもチームメイトの長嶋とデッドヒートを繰り広げた末、なんとか本塁打王のタイトルは死守。しかしその数は9年ぶりに40本を割って39本止まり。8年続けていた3割台の打率も・276という低い数字に終わった。

不振の原因は王を一本足打法へと導き、ずっとマンツーマンで指導してきた恩師、荒川博コーチの巨人退団にあった。独り立ちを余儀なくされた王は「荒川さんがいないから打てなくなったと言われたくない」との思いにとらわれ、その気負いがマイナスに働いたことを自著『野球にときめいて』（中央公論新社）で語っている。不安に駆り立てられ、寝室にまでバットを持ち込み、深夜、布団から出て一心不乱に振り込みをすることもあった。

「打つ確率の高い二本足打法に戻してみてはどうか」と、川上からアドバイスされたのもこのシーズンである。もちろん、王はそれを拒否し、一本足で打ち続けた。過去にコンピュータの打球方向解析に基づく王シフトが敷かれ、「がら空きの左方向に打てばいいのに」と言われたときも「ライトフェンスを超えればいいんだから」と、バッティングスタイルは変えなかった。この頑固に自分のスタイルを貫けることが王の強さなのだ。

8月に入ると、20打席連続ノーヒットの屈辱も味わった。当時、ぼくはまだ中学生だったが、テレビを通して見た、眼窩が窪み、頬が削げ落ちた王の険しい形相をはっきり記憶している。いや、打てないからそう見えただけかもしれないのだが。

ライバル江夏から打った復活の一撃

そんなシーズンの最終盤に生涯忘れえぬ一本が飛び出した。

1971年9月15日。対戦相手の江夏は2カ月前のオールスターゲームで9者連続三振の偉業を達成している。シーズン成績は15勝14敗だが、後半戦に限れば9勝5敗。しかもその内容が11完投、6完封と素晴らしい。

つまり、王は極度のスランプの中で絶好調の江夏との対戦を迎えたわけである。すでにこの時点で、巨人は2位中日に8・5ゲーム差をつけ、7連覇をほぼ手中にしている。だが、江夏はペナントの行方など眼中にない。宿敵ジャイアンツを倒すことが生きがいだった。

なかでも王は別格の相手である。先輩の村山実が長嶋とギラギラするような勝負を繰り広げているのを目の当たりにし、それなら自分は王と「力と力の勝負」を挑むのだと公言。王のバットに空を斬らせることが最高の快感となった。1968年にシーズン奪三振の日本記録（354個）を王相手に達成するために、他の打者にはわざと打ちやすいボールを投げてアウトを重ねていったのは有名なエピソードである。

この日も江夏は初回から飛ばし、8回まで2安打無失点。王は3打席3三振と江夏の投球に手も足も出ない。打てそうな雰囲気はまるでなかった。8回裏に阪神が2点を挙げ、江夏の調子を考えれば勝負は決まったかに見えた。しかし9回表、思わぬ名勝負が繰り広げられる。

一死後、上田武司が３‐２のカウントから４球ファウルで粘り、10球目に四球で出塁。続く高田繁も四球を選んで逆転のチャンスを広げるが、長嶋が一塁ファウルフライに倒れ、二死。次に打席に入ったのが、不調から５番に降格されていた王だった。

江夏が投じた初球はカーブ。これを見逃して１ストライク。次のカーブも空振りし、たちまち２ストライクと追い込まれた。３球目を江夏が暴投し、ランナー二、三塁のピンチとなるが、もちろん、阪神バッテリーに王を敬遠する気はない。

続く４球目、捕手の辻恭彦が出したサインはカーブ。１、２球目のカーブに対する対応から「今日の王はカーブに合っていない」と読んだからだ。ところが江夏は首を縦に振らない。何度サインを出しても首を横に振る。

あわてた辻がマウンドに駆け寄り、怒鳴った。

「おい、おまえ一人で野球やってんじゃないぞ。次はカーブを放れ。今日の王さんなら、カーブを放れば打てん」

すると、江夏は下を向いて小さな声でつぶやいた。

「王さんを相手にカーブで三振とっても嬉しくない」

王との対決は変化球でかわすのではなく、最後は自分が信じるストレートで真っ向勝負するのが江夏の流儀だった。

1971年9月15日、阪神対巨人（西宮球場）9回表、阪神・江夏豊から逆転の3ランホームランを放った王貞治。涙の復活のホームランは真っ向勝負を貫く江夏との宿命のライバル対決の中で生まれたものだった。（写真提供：産経ビジュアル）

結局、辻が折れて、速球勝負の道を選択するのだが、ボールは微妙に外れてカウントは3-2。そして、6球目に投げた内角球がわずかに甘いコースに入った。

バッテリーの配球を考える余裕もない王が渾身の力でボールを叩くと、ライナー性の打球がライト方向に上がった。風も王に味方した。いつもなら甲子園のレフト方向に吹く浜風が秋口になって向きを変え、打球をライト方向に押したのである。ボールは右翼手が差し出したグラブのわずか上を越え、ラッキーゾーンに飛び込んだ。

劇的なホームランを放ち、ナインに迎えられた王の目に熱い涙があふれた。ずっと抱え続けてきた苦悩や重圧の大きさが分かる。

一方の江夏は「あれはええ勝負やった」と当時を述懐しながら、こんなことを語ってくれたことがある。

「奪三振数や勝利数より自慢に思うのは、通算の被本塁打299という数字。現役18年間で299回、右に左に首を振らされたことになる。悔しかったけど、野球の怖さを知ることができたし、より深い野球の醍醐味を味わえるようになった」

江夏が対戦した打者で最もホームランを打たれたのは王である。その数20本。王も江夏に57の三振を喫した。もちろん、対戦した投手のなかで最も多い。

逆転名勝負20

【1985年4月14日】

村田兆治

「サンデー兆治」の伝説はここから 人生先発完投を貫いた不屈の155球

少年時代からの憧れの対象であったり、自分が好きなスポーツ選手や俳優であっても取材時には、サインは極力もらわないようにしている。自分なりのポリシーと胸を張ってもいいのだが、要するに取材対象の人物とはフィフティ・フィフティの関係でありたいからだ。いや、そんなのは言い訳でしかなく、本当は単純に照れ臭いからに過ぎない。

それでも、まれに親しい人に頼まれ、断れないケースがある。村田兆治の場合がそうだった。草野球仲間の熱狂的な村田兆治ファンに拝み倒され、取材当日、彼から預かった新品のグラブを持参したのである。

ちょうど村田が50代半ばを過ぎてもOB戦などで140キロ超えの速球をビシビシ投げ込み、

野球ファンを驚嘆させていた頃だ。スピード維持の秘訣を聞くと、腹筋150回、ハンドグリップによる握力トレーニング1000回を1日最低限のノルマとして自らに課しているという。「そんなの当たり前。私は子どもたちに野球選手の凄さを見せたいんだから」と少しも表情を変えずに話すところが村田らしかった。


サインにも快く応じてくれた。ぼくが黒の油性ペンを渡そうとすると、手で制した。

「いつも持っているのがあるから」

セカンドバッグから愛用のゴールドのペンを取り出したのである。


グラブに書く字も、野球選手やタレントによくあるような走り書きではなく、一字一字ていねいな楷書である。書かれた言葉がまた村田らしい。

「人生先発完投 村田兆治」

現役時代の村田の快速球を思わせる、真っすぐで、清々しい文字。こんなことなら自分もグラブを用意してくれば良かったと後悔したが、あとの祭りである。

「人生先発完投」の意味についても、こちらが聞かなくても説明してくれた。

「一度マウンドに立ったら、最後まで最善を尽くして戦い抜くのが自分のスタイル。それはこれからの人生も同じ。あきらめず、努力を惜しまないことが一番大事だと思うから」

こう語る村田にも、先発マウンドに上がるどころか、ボールを握ることさえできなくなり、人生に絶望しかけた時期があった。

手術、リハビリ……復活を期してマウンドへ

1982年の開幕から約1カ月後、酷使を重ねてきた村田の肘がついに悲鳴を上げた。激痛でタオルも掴めなくなったのだ。整形外科を訪ね歩くだけでなく、針、マッサージ、整体とさまざまな治療を試みてみたが、一向に回復の兆しが見えない。一縷の望みをかけて渡米したのが1983年の夏だった。左腕の腱を右肘に移植する手術を受けたのである。

今では「トミー・ジョン手術」の名で広く知られ、ダルビッシュ有や藤川球児ら多くの日本人投手も経験している手術だが、まだ「右肘にメスを入れて復活した投手はいない」と言われる時代だった。悲痛な思いで手術を受けた村田は、はやる気持ちを押えながら懸命にリハビリに努めた。

山口瞳原作、高倉健主演の映画『居酒屋兆治』が公開されたのがちょうど同じ年である。主人公はかつて甲子園を目指した球児であり、村田兆治の全力投球する姿に魅せられ、店の名前を「兆治」にしたという設定だ。ぼくはこの映画を、まるで復活を期してトレーニングを続ける村田兆治へのエールのようだと思って見たのを憶えている。

村田がようやく一軍復帰を果たしたのは1984年のシーズン終盤だった。

しかし、この年の登板はわずか5試合、計9イニングの試運転に過ぎない。真の復活は次のシーズンに持ち越された。

1985年4月14日、村田は投手生命を懸けて川崎球場のマウンドに上がった。相手は前年の覇者・西武である。

この日の村田はまるで新人投手のように無我夢中で投げた。

渾身のストレートで打者のインサイドを厳しく突き、要所で伝家の宝刀、フォークボールを投げる攻撃的な投球が冴えわたった。石毛宏典、秋山幸二、スティーブ・オンティベロスらが並ぶ西武の強力打線を7回までゼロに抑え込み、8奪三振。三塁も踏ませない堂々のピッチングを見せたのである。

ロッテ打線も村田の力投に応えた。とりわけ四番・落合博満だ。6回裏、好投を続ける松沼雅之からライトに3号2ランを放つと、8回裏にはリリーフの永射保からレフトへ2打席連続となる4号2ラン。どちらも明らかに狙って打った一発だった。試合後、

「村田さんがあれだけ頑張っているんだから、打たなきゃ申し訳ない。なんとしても勝たせたかった」

と語っているように、クールな落合が熱い男気で村田を援護した。

マウンドで体現した「人生先発完投」

しかし、村田にとって復活の証しである「先発完投」への道は平坦ではなかった。

8回表、村田の右腕がしびれ始め、完封を意識したことが微妙にリズムを狂わせた。すでに球数は110球に達し、村田の右肘を執刀したフランク・ジョーブ博士が指示した球数制限の「100球」を大きく超えている。

連続四球を出したところで稲尾和久監督がマウンドに歩み寄った。もちろん、村田を交代させる気持ちは毛頭もない。かつて「鉄腕」と謳われ、一人で試合を投げ抜くことが当たり前だった稲尾も村田の心情は痛いほど理解できた。まだスコアは4対0である。この場面でもしホームランが出ても1点の余裕がある。

「同点までは絶対代えないからな。ここが勝負どころだぞ」

稲尾は静かな口調で激励すると、すぐに踵を返した。

この後、村田は片平晋作のレフト前ヒットと安部理の犠牲フライで2点を失うが、西武の追撃はここまでだった。二死満塁のピンチも代打の大田卓司をショートフライに仕留めた。

「昭和生まれの明治男」と言われ、試合ではめったに白い歯を見せない村田の口元がほころんだのは、9回、最後の打者スティーブをセカンドゴロに打ち取った瞬間だった。

投球数、実に155球。そして、1073日ぶりに手にした白星。まさに絶望のどん底から這い上がった、鮮やかな復活劇だった。敵将の広岡達郎も「あれだけ努力しているんだから、勝っていいんじゃない」と村田を称えれば、稲尾も「自分が勝ったようにジーンときた」と興奮を隠さなかった。

ところが、村田は記念のウイニングボールを手渡されると、躊躇することなくスタンドに投げ入れてしまう。それは村田らしい決意表明でもあった。

「過去の思い出に生きるつもりはない。この1勝は自分を応援してくれた人への恩返し。次の1勝が自分の勝ち星。そこからもっと勝ち星を重ね、チームに貢献したい」

村田はこの日を含め日曜日ごとに登板することから「サンデー兆治」と呼ばれ、日曜日7連勝を達成し、開幕からの連勝記録を「11」にまで伸ばした。この間、落合は41打数18安打、打率・439、8本塁打、19打点と打ちまくり、チームの1試合平均得点は7点を超えた。この年の村田の防御率は4・30だったが、それでも17勝5敗の成績を残すことができたのは打線の強力な援護があったからだ。村田の復活劇はとかく投手と打者の対決で語られがちな野球というスポーツがチーム競技であることを教えてくれる。

投手生命を脅かす深刻な肘のケガを乗り越え、再びマウンドに戻ってきたロッテ・村田兆治。人生をぶつけるようなその熱投にナインも応え、開幕から11連勝を記録。このシーズンは17勝をあげ、カムバック賞を受賞した。(写真提供:産経ビジュアル)

逆転名勝負21

【1992年10月17日】杉浦 亨

引退を覚悟した不惑のベテランがまさかの代打満塁サヨナラ弾

野村克也率いるヤクルトと森祇晶の西武が対戦した１９９２年、１９９３年の日本シリーズはどちらも第７戦までもつれる白熱の展開となった。

両監督ともキャッチャー出身。策士と策士の対決は「平成の名勝負」とも謳われたが、野村自身は「自分と森とでは監督のタイプがまるで違う」と反論する。

「森は大企業の部長、私は中小企業の親父さん。森は資金力もあり、人材も揃い、組織の基礎がしっかりできているなかで指揮を執る野球。危険を冒す必要はなく、安全第一の野球をすればいい。巨人でキャッチャーをしているときから、そういう環境だったから、西武のようなチームにはもってこい。一方、こっちは、人は足りない、カネはない。だったら、考えて、考えて、アイデア勝負をするしかない。いわば、その日の手形をいかに落とすかに四苦八苦する野球。南海時代からそうやってしのいできた。どっちが優れているわけでもない。私が全盛期の西武や巨人のようなチームで監督をしたら、まず失敗する」

さすが智将にして名解説者。うまい表現をするものだと感心した。

つまり、観客は「大企業の部長VS中小企業の社長」という前後編2部構成のドラマを見させてもらったようなもので、前編（1年目）は大企業（西武）が勝利し、後編（2年目）は中小企業（ヤクルト）が雪辱するのだから、物語としても実によくできている。

名将対名将、日本シリーズ屈指の名勝負

1992年の日本シリーズはリーグ3年連覇の西武に分があるというのが戦前の予想だった。ところが、ペナントレース終盤の混戦を抜け出し14年ぶりにリーグ優勝したヤクルトは、その勢いと巧みな野村采配で「常勝軍団」西武を大いに苦しめた。シリーズ7戦のうち4試合が延長戦、しかも第4戦からは4試合連続1点差という接戦だった。

日本シリーズではしばしば「第2戦重視」が言われる。初戦は制球力のあるピッチャーを起用して相手チームの手の内や弱点を探る、あるいは事前のデータが正しいか否かを確認する。

その結果、負けても良しとする戦術である。しかし野村は「弱者にそんな余裕はない。相手の出鼻をくじいて、勢いに乗るのが弱者の兵法」と考える。だから、戦前から「4連勝で勝つ」と言って、森を挑発することも忘れなかった。半分冗談、半分本気。いずれにしても先手必勝を考えていたのは明らかだった。

そして、1992年10月17日の第1戦は日本シリーズ屈指の劇的な試合となった。ドラマの第1話でいきなり視聴者の心をつかんでしまったと言ってもいい。

ヤクルト・岡林洋一、西武・渡辺久信の先発で幕を開けた試合は、2回表、オレステス・デストラーデが3年連続シリーズ第1打席本塁打で1点を先制した。

ヤクルトは3回裏、無死一塁の場面で打席にはピッチャーの岡林。バントがセオリーだが、野村は積極的に動き、初球からバスターを敢行した。ファースト清原和博の頭を越えた打球はセカンド辻発彦の好守備でヒットにこそならなかったが、一死二塁。野村の早い仕掛けは功を奏し、このあと飯田哲也、荒井幸雄、古田敦也の3連打で、ヤクルトが2対1と逆転。さらに6回には古田のソロホームランも出て、リードは2点に広がった。

しかし西武も粘る。7回にデストラーデのこの日2本目の一発が飛び出すと、9回には石毛宏典の犠牲フライで追いつき、試合は延長戦に入った。

西武のピッチャーは7回から潮崎哲也、鹿取義隆とつないだが、ヤクルトは岡林がマウンドを死守した。延長12回を投げて161球。この熱投にヤクルト打線が応える。12回裏、秦真司が二塁打、笘篠賢治が四球、このあと代打の角富士夫がバントを失敗したものの飯田がショートへの内野安打で一死満塁と、願ってもないチャンスをつくった。

野村の一手「代打・杉浦」

ここでベンチを出た野村が審判のもとにゆっくり歩み寄って囁く。

球場内にコールされたのは「代打・杉浦」だった。

この年、シーズン中の杉浦亨は16回しか打席に立っていない。成績は11打数2安打、1本塁打、2打点。5月に左足の肉離れで一軍を外れ、オールスター明けにも腰痛で再度二軍に降格した。それでも野村は優勝争いが佳境に入った9月中旬に一軍に昇格させ、日本シリーズもベンチに入れた。データの収集と活用をベースとする野村ＩＤ野球だが、いざというとき、勝負の鍵を握るのはベテランだという思いは強い。

「生え抜きのベテラン選手、とくにベンチにいるベテランの使い方次第でチームの士気は高まる。逆にベテランがふてくされているようだと、チームは簡単に崩壊してしまう。そんなケースを過去に何度も見てきた」

杉浦はこのとき40歳。ドラフト10位でヤクルトに入団して22年目の、まさに野村が鍵を握ると考える生え抜きのベテランだった。

遅咲きである。プロ入り8年目の25歳でレギュラーの座を勝ち取り、これがちょうどヤクルトが初めて日本一になった1978年。1985年には打率・314、34本塁打でベストナインにも輝いた。しかし池山隆寛、広沢克己ら若手の台頭や自身の体力的な衰えなどで野村の監督就任の頃から出番は減り、優勝前年の1991年には引退も考えた。

これを思いとどまらせたのが野村の言葉だった。

「まだ大丈夫やろ。バットを振れるやないか」

杉浦は自分の一振りに賭けてくれた監督になんとしてでも恩返しをしたかった。「自分は14年前の日本一の数少ない経験者」というプライドもある。

運も味方した。西武ベンチはワンポイント左腕の小田真也にはスイッチせずに、経験豊富な鹿取の続投を選択した。ところが、初球、自分の得意なストレートはないと思っていたところに、外角のストレート。これを見逃すと、2球目は内角を厳しく突くストレート。たちまち2ストライクと追い込まれてしまう。これで開き直った。

バッティングコーチの伊勢は追い込まれることで無心になったのだろうと分析する。

「ミーティングも好きなほうやないし、どちらかと言えばＩＤ野球には無縁なタイプ。『来た

1992年10月17日、ヤクルト対西武の日本シリーズ第1戦（神宮球場）、日本シリーズ初の代打満塁サヨナラホームランを放った杉浦亨。苦しいときに頼れるのは生え抜きのベテラン、そう感じさせる鮮烈な一発だった。（写真提供：産経ビジュアル）

ボールを思い切り振ってやれ』と割り切ったほうがいい結果は出る」

3球目はそんな杉浦におあつらえ向きの内角のストレート。西武バッテリーが内角に外すつもりのボールが甘く入った。杉浦らしいフルスイングがとらえた白球は、神宮の茜色に染まった空を突き破る弾丸ライナーとなってライトスタンド中段に突き刺さった。代打満塁サヨナラホームラン。日本シリーズでは史上初めてである。

劇的なアーチで初戦を飾ったヤクルトだが、2戦目からは3連敗。王手をかけられながら2戦連続で延長戦を制する驚異の粘りを見せたが、第7戦は西武のエース、石井丈裕の牙城を崩すには至らなかった。

このシーズン限りでユニフォームを脱ぐ覚悟だった杉浦は、シリーズ後にそれを撤回する。翌年も現役を続行したのは日本一を逃した悔しさがあったからだ。「このチームなら次は必ず日本一になれる」という確信もあった。

杉浦が思った通り、ヤクルトは2年連続でセ・リーグを制覇し、日本シリーズでは再び西武と対戦する。杉浦は代打で2度打席に立ったが、前年のシリーズのようにチームに貢献することはできなかった。しかしヤクルトは4勝3敗で西武を撃破した。杉浦は悲願の日本一を花道に、今度こそ静かにバットを置いたのだった。

逆転名勝負22

【1959年5月10日】

関根潤三
投手から野手にあっさり転身
22連敗中の稲尾に土をつける

ぼくは野球やスポーツを専門に文章を書いているわけではない。映画の本も書けば、旅の記事も書く。さらに広告のコピーも書く。なんとも腰が据わっていなくて恥ずかしい限りなのだが、インタビューは好きなので、スポーツ選手、俳優、ミュージシャンから職人、フリーターまで人に話を聞く仕事は積極的に受けてきた。

そのせいかどうかわからないけれど、スポーツ選手や役者の本の構成を担当する機会も多い。「構成」をわかりやすく言えば、ゴーストライターである。ただし、本に名前がクレジットされないわけではなく、たいていは巻末などに「構成・米谷紳之介」の文字が入る。個人的にゴーストという表現を好きになれないので、ぼくはこの仕事に対しては「聞き書き」という言葉を使っている。そして、気がついたら、聞き書きでまとめた本が20冊をゆうに超えてしまった。対象はやはり野球選手が中心で、なかにはボクサーや私立探偵もいる。

このなかでこれが自分の自信作ですとまでは断言できないが、取材していて抜群に面白く、書いていて楽しかったのが関根潤三の本『いいかげんがちょうどいい』（ベースボール・マガジン社）である。

もともと大好きな人だった。飄々とした顔で監督をしている姿も好きだったし、何より野球解説が素晴らしい。選手や監督への愛情も厳しさもあり、優しい言葉を使いながらときには辛辣なことも平然と言う。その切れ味は洒脱な落語を聞いているようである。

もちろん、関根が戦後の闇市時代には新宿や渋谷でヤンチャをしていたことは事前情報として知っていたし、本人がそれらしいことを取材中にポロッと漏らすこともあった。後に「球界の寝業師」とも言われた根本陸夫とは高校、大学、プロとバッテリーを組んだ仲であり、根本の闇市におけるケンカの強さは有名だった。その根本が「潤ちゃんを怒らせてはいけない。インテリヤクザだから」と評したのが関根潤三という人物である。広岡達朗も同様の発言をしている。当然のことながら、女性には相当モテたらしい。

逆転と復活の野球人生

この本のテーマに即して言うなら、ぼくには関根潤三の野球人生そのものが逆転劇であるように見える。法政大学のエースとして東京六大学リーグで史上5位の41勝（30敗）を挙げながら、プロへの憧れはまるでなかった。父親からも「プロなんて水商売。不良がやるもんだ」と釘を刺され、八幡製鉄への入社が決まっていた。ところが、高校、大学の恩師であり、生涯頭の上がらなかった藤田省三の近鉄監督就任が決まる。その藤田に「おまえも一緒に近鉄に行くぞ」と厳命されれば断ることはできない。

プロに入ってからも、投手から野手への転向を「もう投げるのに飽きたから」と言う理由で決めてしまう。しかも監督に「クリーンアップを打たせてくれなければ野球を辞めます」と啖呵を切るのだから、強気というか思い切りがいい。それまで投手で登板しない日は打者として先発出場し、少ない打数ながら3割を打ったシーズンもあった。だから、当時の芥田武夫監督もあっさり了承してしまう。関根は翌日、ライトの守備位置に入り、猛打賞の活躍。シーズンを終わってみれば、打率・284でベストテンに入ってしまった。

これなども華麗なる人生の逆転劇、いや投手から野手に生まれ変わったのだから復活劇と言ったほうがいいだろうか。関根はその後も野手として38歳までプレーし、通算1000安打を記録。オールスターゲームには投手時代を含め、5度出場した。しかも投手、野手の両方でファン投票1位になっており、これは史上初めて。大谷翔平が現れる半世紀以上も前のスーパースターだったのだ。

対稲尾、23連敗を阻止した一打

そんな関根が球史に残る逆転劇の主役となったことがある。1959年5月10日、日生球場で行われた西鉄戦だ。

この頃の近鉄はとにかく弱かった。セ・パ2リーグ制がスタートした1950年、つまり関根が入団した年から4年連続最下位。1954年に初めて勝率5割を超えて4位となるのだが、その後も3位以上は皆無。いわゆる球界のお荷物球団で、首位争いの常連だった西鉄と南海にはいいようにカモにされた。なかでも全く打てなかったのが西鉄のエース、稲尾和久だ。

稲尾はデビューした1956年に21勝を挙げて新人王となり、翌年からは3年連続30勝以上。近鉄には1956年に3勝、1957年に6勝、1958年に12勝。黒星はなしである。1959年も白星を一つ増やし、連勝を22に伸ばしていた。

この間の対近鉄の成績は192回を投げて被安打92、防御率0・66。1試合に4本か5本しかヒットを打てないのだから、近鉄が稲尾から得点を上げるのがいかに難しいことだったかが

近鉄時代の関根潤三。現在では指導者、解説者としてのイメージが強いが、現役当時はパ・リーグきっての人気選手。弱小球団だった近鉄のエース、中心打者として活躍し、1965年に巨人に移籍して現役を終えた。（写真提供：産経ビジュアル）

分かる。まるでプロとアマチュアが戦っているようだ。

関根も稲尾に対しては心中期するところがあった。タイトルなどほしいと思ったことは一度もない。それより他の選手が打ちあぐねているようなピッチャーを攻略することに生きがいを感じていた。

「とはいえ、サイちゃん（稲尾の愛称）は最高のピッチャーだからね。ボールが速いというより、重い。だから、とらえたと思った打球が伸びない。しかも昔のボールは今のボールみたいに飛ばないんだ。打つとへこんだ痕が残るくらいの粗悪ボール。そこで、ぼくはサイちゃんと対戦するときは、わざわざ専用の重いバットを使った。そうでもしないと、ボールに押されちゃって、外野までボールが飛んでくれないんだから（笑）」

試合は近鉄が武智文雄、西鉄が田中喜八郎の両先発で始まった。近鉄が5回に先制すると、西鉄はこの回の途中から稲尾をマウンドに送った。一度は同点にされた近鉄は、7回裏、稲尾のバント処理のミスやキャッチャー日比野武のパスボールもあって、ノーヒットで待望の勝ち越し点を上げる。しかし、西鉄も8回、稲尾自身の二塁打をきっかけに再び同点に追いつく。

試合はそのまま延長に入り、稲尾も投げ続けた。11回裏だった。先頭打者の島田光二がライト線にヒット。三番の関根にこの日6度目の打席が回ってくる。カウント1－1。稲尾のスライダーが左バッターの関根のひざ元に入ってきた。これを狙いすましたように打ち返すと、打球はライト線に落ちた。ヒットエンドランのサインでスタートしていた島田は一塁から生還し、サヨナラ勝ち。23連敗が阻止された瞬間だった。

「それにしたって同じピッチャーに22回も続けて負けてたんだから、プロとしては情けないやな。一つ勝ったくらいじゃ、威張れませんよ。まあ、ぼく自身は三番打者として、なんとかメンツが保てた試合ではあった」

関根は現役時代、新聞の打撃成績を見なかった。「見たって打率が上がるわけじゃない」からだ。スランプで悩むことも、そもそも自分がスランプと思ったこともなかった。

「バッターなんて1試合に1本くらいの割合でヒットを打ってりゃ、3割前後いくわけですよ。4打数ノーヒットの日があったら、次の日は3打数2安打すればいい。逆に1試合で2本打ったら、次の日は打てなくてもいい。それくらいに考えれば気が楽でしょう」

関根を取材していて、耳に残った名セリフがある。ふと、こんなことを思うときがあるというのだ。当時、85歳。現役の野球解説者だった。

「あっ、今日も生きてらあ」

関根の記憶は直近のことについてはあやふやになっていたが、それでも、まだ自分は死んじゃあいない、今この瞬間を生きている、仕事だってしている、それに気づくのが嬉しくってしょうがない、そんな顔だった。いいなあ。ぼくもこんな爺さんでありたい。そう思った。

逆転名勝負23

【1994年4月9日】
野茂英雄
開幕史上初の快挙まで、あと3人
トルネードに待っていた最終回の悪夢

開幕戦はペナントレースの単なる一つの試合であると割り切って考えるのか。それとも長いシーズンを占う特別な試合と認識するのか。

「天は一を以って清く、地は一を以って寧《やす》く」という老子の言葉まで引用し、開幕戦を重視したのは野村克也だ。投手の初球。打者の第一打席の第一球。守備における第一歩。野球において「一」には特別な意味があると説く。ちなみに「天は一を以って清く、地は一を以って寧く」とは、天は一の原理を得ることによって清らかになり、地は一の原理を得ることで安定するという意味で、「一」を大事にしなければ、望む未来はないといったところか。

もちろん、開幕戦を勝ったからといって優勝できるわけではないし、開幕戦を落としたから優勝できないわけでもない。けれど、1994年4月9日の西武対近鉄の一戦を振り返ると、やはり開幕戦には特別な意味があるような気がしてならない。

無失点でマウンドを下ろされたエース

熱烈な西武ファンとして知られる女優・吉永小百合の始球式で幕を開けた試合は、西武・郭泰源、近鉄・野茂英雄の見事な投げ合いでスコアボードには8回までゼロが並んだ。チャンスが多かったのは近鉄である。3回、一死一、二塁で二塁ランナーの光山英和が大石大二郎のセンターフライで帰塁できずに併殺。続く4回もラルフ・ブライアントの二塁打で無死二塁の好機をつくりながら、後続のバッターが凡退し無得点に終わっている。

均衡が破れたのは9回表だった。

内匠政博の内野安打とブライアントの四球で一死、一、二塁とすると、四番の石井浩郎がレフトスタンドへ3ランホームランを叩き込む。球場の観客も両軍ベンチもこれで勝負は決まったと思ったはずである。

なぜなら、野茂はここまで6四球を出しながらも西武打線を力でねじふせ、チャンスを与えていなかったからだ。8回を終わって、12奪三振、しかもノーヒットピッチング。9回裏の焦点は野茂がノーヒットノーランを達成するか否か。もし達成すれば、史上初の開幕戦ノーヒットノーランの快挙となる。

しかし、野茂は西武の先頭バッター、清原和博に初球の外角ストレートを痛打される。これがライトの頭上を越える二塁打となり、あっさり夢は打ち砕かれた。清原は試合後に「最初から恥ずかしい思いをするわけにはいかん。必死やった」とコメントを残している。「最初」とは当然、開幕戦のことである。彼もまた開幕戦は130分の1の試合（当時は130試合制）ではなく、特別な戦いの場であると考えていたのだ。

続く鈴木健は四球を選び、石毛宏典はレフトフライに倒れ、一死、一、二塁。七番のロッド・ブリューワの当たりは併殺にはおあつらえ向きの二塁ゴロだった。ところが、名手・大石がこれをファンブル。ゲームセットのはずが一転して一死満塁のピンチとなる。

ここで動いたのが近鉄の鈴木啓示監督だった。次打者の伊東勤を迎えたところで、野茂を降板させて、抑えの赤堀元之をマウンドに送り出す。

一方、西武の森祇晶監督は動かない。バッティングコーチの広野功に左の代打を進言されながら、首を横に振っている。「球場の風がライトからレフト方向に吹いている。ここは右バッターのほうが有利だ」という読みだった。

結果は、伊東がファウルで粘った末に、赤堀の8球目の甘いストレートをとらえ、まさかの逆転満塁サヨナラホームラン。開幕戦では史上初めて、しかも、伊東にとってはこれが通算1000安打目の記念すべき一打だった。

鈴木が野茂降板を決断した理由はデータにあった。伊東は野茂とは相性が良く、前年は打率・389と打っているうえ、この日も3打席すべて四球。スタメンで唯一三振を喫していなかった。伊東は野茂より赤堀を苦手としており、前年は7打数ノーヒット。

しかし、鈴木は試合前には「開幕戦は野茂と心中や」と明言している。野茂は入団以来、前年まで4年連続で最多勝、最多奪三振のタイトルを獲得している文句なしのエースだ。この日も満塁のピンチを迎えたとはいえ、まだ1点も失っていない。そんな場面での交代に不満を抱かなかったと言えばウソになるだろう。開幕投手を史上最多の14回経験している鈴木啓示なら、その心情は手に取るようにわかったのではないか。

ノーヒットノーランの記録も完封も目前で逃し、勝ち投手にさえなれなかった野茂は試合後、何を聞かれても「仕方ないです……」と答えている。

このシーズン、西武はパ・リーグ史上初の5連覇を達成し、一方の近鉄は8月には西武をとらえながら、最後は首位から7・5ゲーム差の3位に終わった。つまり、西武にとっても、近鉄にとっても、この年の開幕戦はペナントレースを象徴するゲームだったことになる。

そして、野茂にとってもこれが日本でのラストシーズンとなった。7月1日の西武戦では9

回を投げて16与四球というとんでもない日本記録を樹立している。それでいながら3失点完投勝利というところが野茂らしく、鈴木の「他の投手には真似できん芸当やな」という皮肉の利いたコメントが両者の溝を感じさせる。

入団から4年、200イニング以上を投げ続けた勤続疲労があったのだろう。野茂は8月24日の西武戦で右肩痛を訴え、これが日本での最後の登板となった。

メジャーで吹かせた復活のトルネード旋風

予想外の展開がオフに待っていた。

起用法や投球フォームへの干渉を巡る鈴木啓示との確執もあったのだろう。野茂は複数年契約と代理人制度（いずれも今では容認されている）を希望し、近鉄球団はこれを拒絶。ついには翌年、一向に主張を曲げない野茂に対し、球団は任意引退の処置を下した。こうして野茂は以前から憧れていたメジャーへと旅立つことになる。

1995年2月にドジャースと契約した野茂に対し、日本の野球関係者やマスコミは「裏切り者」「メジャーで通用するはずがない」といったバッシングを浴びせた。いわば野茂は日本球界を敵に回してメジャー入りを果たしたわけだが、そんな逆風に顔色一つ変えることなく、

1995年7月11日、メジャーリーグ・オールスター戦で先発をするドジャース・野茂英雄。バッシングにさらされて日本球界を後にしたパイオニアは、アメリカの地で躍動。全米にトルネード旋風を巻き起こした。（写真提供：産経ビジュアル）

自らの活躍で彼らの口を封じてしまったのだから、野茂にはメジャーで通用するだけの才能や技術だけではなく、タフなハートが備わっていた。

1年目からトルネード投法でメジャーを席巻し、13勝6敗、防御率2・54（リーグ2位）、236奪三振（リーグ1位）。見事な新人王獲得。鮮やかな復活劇である。

野茂はその後、日本では達成できなかったノーヒットノーランも達成する。しかも2度。

1度目は1996年9月17日、デンバーのクアーズ・フィールドで行われたロッキーズ対ドジャース戦。雨で試合開始が2時間遅れるという悪条件の中にもかかわらず、ロッキーズ打線に1本のヒットも許さなかった。クアーズ・フィールドは標高1600メートルの高地にあり、空気抵抗が少ないため打球が伸びる、いわゆる「バッター・フレンドリー・パーク」。1995年の開場以来、ここでノーヒットノーランを達成したのは今も野茂しかいない。

2度目は野茂にとってメジャーでは5球団目となるレッドソックスで、2001年4月4日、オリオールズを相手に達成した。

2001年といえば、イチローがメジャーデビューした年である。野茂の快挙はイチローのメジャー初打席からわずか2日後のことだった。そこに先輩メジャーリーガーの意地とプライドを見るのはぼくだけだろうか。

逆転名勝負24

【2006年9月18日】

斎藤 隆

36歳のオールドルーキーを号泣させた奇跡の4者連続ホームラン

野茂英雄が海を渡ったのは27歳のときである。イチローは28歳、松井秀喜は29歳でメジャーのグラウンドに立った。さらに、ダルビッシュ有や田中将大が26歳、前田健太が28歳。少し遅かったのが、黒田博樹（33歳）や上原浩治（34歳）である。

投手、野手を問わず、メジャーで成功するうえでの適齢期もリミットもあるのだろう。35歳を過ぎて挑戦した江夏豊（36歳）、小宮山悟（37歳）、桑田真澄（39歳）はいずれもメジャーで満足な成績を残すには至らなかった。

しかし、何ごとも例外は存在する。それが斎藤隆である。斎藤は２００６年に36歳でメジャーのマウンドを踏むと、ドジャースのクローザーとして大活躍。翌年は日本人メジャーリーガー6人目となるオールスター出場も果たした。

夢の舞台で鮮やかな復活劇

実は、斎藤は一度、メジャー挑戦を断念している。FA権を取得した2002年オフにメジャーに行くつもりだったが、球団からの強い残留要請、さらには幼い子どもたちの教育の問題もあり、結局、横浜と3年契約を結んだのだ。

2001年（7勝1敗27セーブ、防御率1・67）、2002年（1勝2敗20セーブ、防御率2・45）と、横浜のクローザーとして「大魔神」佐々木主浩の抜けた穴を埋めた斎藤だったが、チーム生え抜きの山下大輔新監督の意向の下、2003年からは先発に復帰する。しかし、度重なる故障により3年間で11勝16敗の成績しか残せなかった。

そして横浜との3年契約を終えたオフ、再びメジャーを目指した。

斎藤は自著『自己再生 36歳オールドルーキー、ゼロからの挑戦』（ぴあ）でそのときの心情をこう語っている。

「ただただ、アメリカで野球がしたかった。

二〇〇二年のフリーエージェントのときと状況が違うのは、僕自身が評価とか、お金とかをまったく気にしていないことだった。純粋に野球を続けたかった。お金もいらないし、裸のままで出かけていくつもりでいた」

故障や過去3年の不振もあり、斎藤に興味を示すメジャー球団はほとんどなかった。手を差しのべてくれたのはドジャースだけ、それもマイナー契約。年俸はわずか5万ドルで、仮にメジャーに上がっても50万ドルの待遇だった。招待されたスプリングキャンプで認められ、オープン戦で結果を残さなければマイナーリーグ行きも自由契約もありうる立場だ。事実、斎藤は開幕25人枠には入ることができずに3A行きを通告され、ドジャースの開幕戦は家族といっしょにスタンドで観なければならなかった。

ところが、開幕直後にサイ・ヤング賞のクローザー、エリック・ガニエが故障し、斎藤は急遽、入れ替わりでメジャー昇格を果たすのである。当初はセットアッパーだったが、実績が認められて5月からはクローザーを任され、シーズンを終わってみれば6勝2敗24セーブ、防御率2・07。リリーフ投手としては両リーグ最多となる107奪三振をマークした。

このシーズンの斎藤を語るうえで欠かせない試合がある。

2006年9月18日、パドレスとの首位攻防戦だ。ドジャースは初回に4点を失いながら徐々に追い上げ、8回を終わって5対6。斎藤は1点ハインドの9回表に登板するのだが、先頭バッターにヒットを許すなど一死満塁のピンチを迎えると、ワイルドピッチや犠牲フライでたちまち3点を失ってしまう。

　ベンチに戻った斎藤は追い上げムードに水を差した責任を感じ、うなだれた。そんな斎藤にチームメイトが口々に声をかけた。

「顔を上げろよ」

「気にするな。おまえがいたから、ここまで来れたんだ」

　9回裏、下を向く斎藤を励ますかのようにドジャース打線は大爆発する。

　4番のジェフ・ケントがセンターオーバーのホームランを放つと、続くJ・D・ドリューがライトスタンドに運ぶ。あわてたパドレスは通算601セーブ、この年も最多セーブを獲得したトレバー・ホフマンをマウンドに送るのだが、ドジャースの勢いは止められない。ラッセル・マーティンがレフトスタンドへ、さらにマーロン・アンダーソンがライトスタンドへ。いずれもホフマンの初球を叩いた一発だった。

　8番のフリオ・ルーゴがセンターフライに倒れ、メジャー新記録の5者連続ホームランは成らなかったが、4者連続ホームランはメジャー史上42年ぶり4度目、4者連続ホームランで同点に追いつくのは史上初の快挙だった。

　しかし、ドラマはこれでは終わらなかった。ドジャースの攻撃が同点で終わると、延長10回表、パドレスが二死からタイムリーヒットで1点を勝ち越した。

その裏、ドジャースは先頭のケニー・ロフトンが四球で歩くと、打席には斎藤とは一番仲のいい3番ノマー・ガルシアパーラ。メジャー初白星も、斎藤がまだセットアッパーだった時期、彼の逆転満塁本塁打で転がり込んできたものだった。

無死一塁、3－1のバッティングカウントからガルシアパーラがフルスイングすると、打球はレフトスタンドの中段に突き刺さった。逆転サヨナラ2ラン。斎藤はこのとき人目もはばからず泣いた。

メジャー新記録まで樹立

この年、メジャーで鮮やかに復活した斎藤は、翌年、さらに驚異的な数字を残している。2勝1敗39セーブ、防御率1・40。デビュー以来、48回のセーブ機会で45回成功し、それまでのガニエの記録（48回で44回成功）を破るメジャー新記録まで達成してしまった。

斎藤がメジャーで成功した要因は何だったのか。ロサンゼルスの温暖な気候が肩や肘に良かったのは確かだろう。縫い目が高く、よく滑るメジャー球が斎藤のスライダーの曲がりを大きく、鋭くしたとも言われる。傾斜のきつい固いマウンドも斎藤に合っていたのかもしれない。もちろん、こうしたさまざまな条件に適応するための並々ならぬ努力をしたに違いない。

斎藤には球速でも驚かされた。37歳で日本人メジャー最速の159キロを記録したことをニュースで知り、ぼくは映画『オールド・ルーキー』を思い出した。『オールド・ルーキー』は35歳でメジャーデビューの夢を実現したジム・モリスの実話に基づく作品である。マイナーリーグ時代に肩を壊し、一度は野球をあきらめた高校教師のモリスは野球部の監督をしているうちに自分の肩が治っていることに気づく。やがて家族に背中を押されてプロテストを受けるのだが、スピードガンは158キロを示した……。

アメリカにはこの映画に限らず、『ナチュラル』『フィールド・オブ・ドリームス』『さよならゲーム』など野球を扱った名作が数多くある。その理由は野球がアメリカ人にとってのナショナル・パスタイム（国民的娯楽）であるからというより、野球というスポーツにしかないホームベースの存在にあるのではないかと思う。ホームとは文字通り家族や家庭であり、同時に自分が戻るべき場所でもある。

モリスが35歳で再びメジャーを目指したように、斎藤も36歳にしてずっと夢見てきた世界に向かって道を切り拓いた。メジャー7シーズンの間に5球団を渡り歩き、最後の場所に選んだのは故郷の仙台市に本拠地を置く東北楽天だった。ホームに戻ってきた斎藤は2014年に日本一まで経験してしまう。その野球人生はまるで一本の映画のようである。

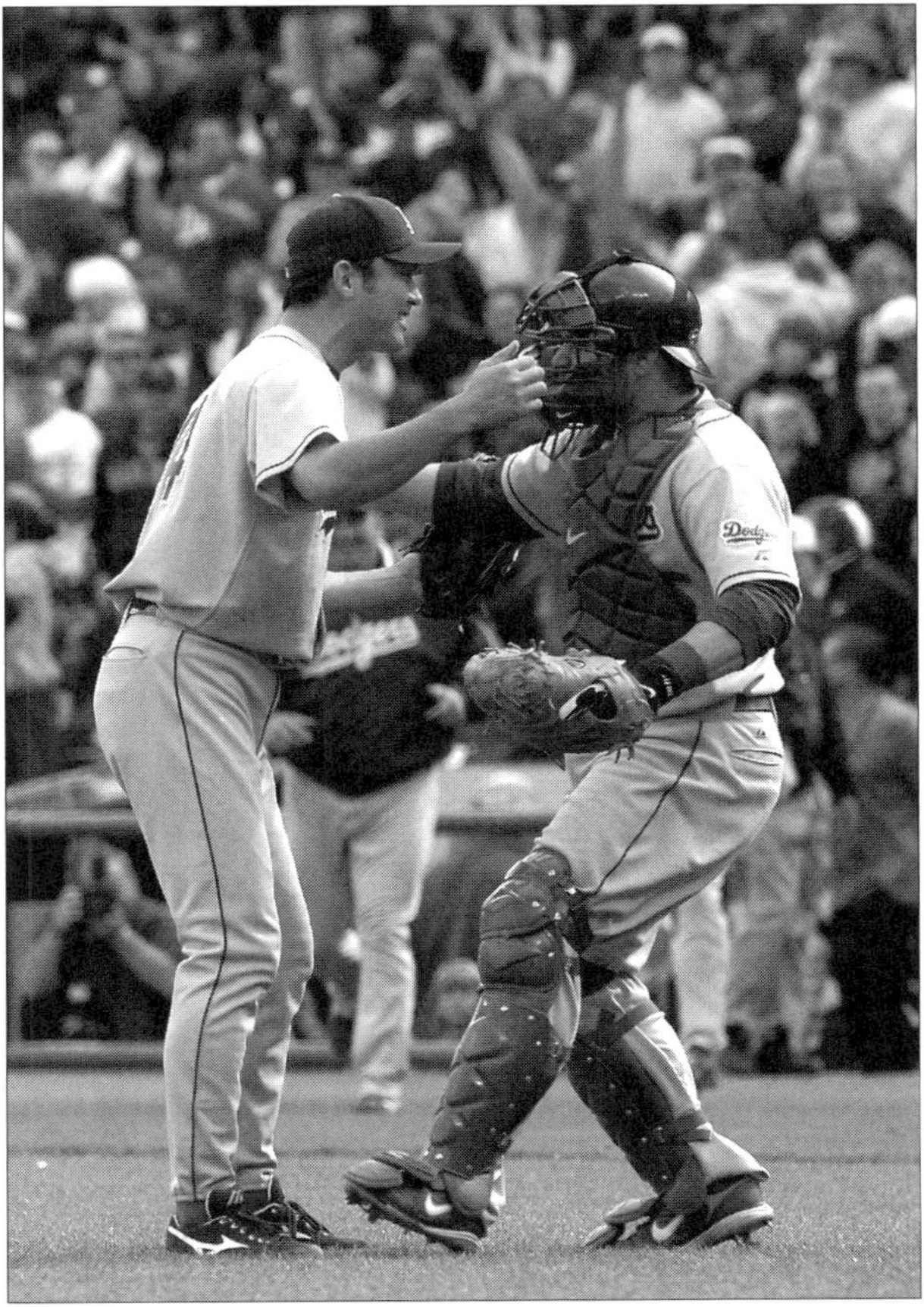

2006年9月30日、ジャイアンツ対ドジャース。ジャイアンツ戦に勝ち、プレーオフを決めて捕手と抱き合うドジャース・斎藤隆（左）。チームはディビジョンシリーズで敗れたが、1年目からポストシーズンに進出した。（写真提供：産経ビジュアル）

逆転名勝負25

【2006年10月12日】
稲葉篤紀
メジャー行き断念の屈辱から北海道のフランチャイズ・プレーヤーへ

日本のプロ野球でＦＡ制度が始まったのは１９９３年だから、すでに四半世紀に近い年月が過ぎた。落合博満、工藤公康、清原和博、金本知憲ら数多くの大物がＦＡ制度を使って移籍したが、最も成功したケースと言えるのが稲葉篤紀ではないだろうか。

稲葉はヤクルトと日本ハムでそれぞれ10シーズンずつユニフォームを着ている。ヒットの数はヤクルトで９７２本、日本ハムで１１９５本。規定打席に足りて3割を打った回数はヤクルトで2回、日本ハムで4回。日本ハムでは首位打者と最多安打のタイトルも獲得し、日本シリーズのＭＶＰにも選出された。数字や実績のすべてが稲葉のＦＡ成功を物語っているが、彼の成功は数字よりも地元北海道のファンに愛されたことにある。

パ・リーグへの適応に苦しんだ一年目

アメリカのスポーツ界では同一チームでずっと活躍し、ファンに愛されたプレーヤーはフランチャイズ・プレーヤーと呼ばれる。FAやトレードが活発なアメリカでは同一球団でプレーし続けるケースは珍しく、それだけに価値がある。

稲葉は正確にはフランチャイズ・プレーヤーではない。しかしファンが飛び跳ねてドームを揺らす、メジャーにも例のない応援スタイルは、彼が北海道のフランチャイズ・プレーヤーであった証明だろう。守備につく際の全力疾走など野球に対するひたむきな姿、勝負強いバッティング、あのイチローも「ミスターいい人」と評した人柄……。その要因はさまざまだが、セ・リーグからやってきた稲葉篤紀を北海道のファンは温かく迎え入れたのだ。

本人も「北海道がぼくを育ててくれたし、稲葉ジャンプは北海道のファンに認められた証し。ぼくは世界で一番幸せな野球選手だった」と公言してはばからない。

2004年のオフ、FA資格を得た稲葉がまず目指したのは憧れのメジャーリーグでプレーすることだった。メジャー数球団が調査に乗り出したが、結局ギリギリまで待ってもメジャーでプレーするための扉は開かない。一方、FA宣言直後から稲葉を高く評価し、粘り強く交渉したのが日本ハムであり、メジャーをあきらめた稲葉は北海道行きを決意する。

入団発表はキャンプの終盤だった。当時の気持ちをこう語る。

「メジャーがダメだから日本の球団に入ったように見えたかもしれない。でも手を尽くし、やるだけのことをやってダメだったのだから、心残りはありませんでした。頭の中には日本ハムが優勝するために全力を尽くす――それしかなかった」

移籍1年目の成績は打率・271、15本塁打、54打点。チームが前年の3位から5位に沈んだ責任と無念を感じる一方で、このシーズンはパ・リーグの野球に慣れ、各球団のピッチャーのデータを収集する腹づもりだった。

稲葉の感じたパ・リーグの野球は速い真っすぐで勝負してくるパワー系のピッチャーが多いこと。パ・リーグは球場が狭いセ・リーグと違ってホームランの心配が少ない。だから、ストレートに自信があるピッチャーはどんどん攻めてくる。場面しだいでは「ヒットならＯＫ」というくらい大胆な勝負を挑んでくる。

稲葉がパ・リーグのパワー系ピッチャーに対応し、結果を残すために行ったのはバッティングフォームの改造だった。改造に着手したのは移籍1年目の夏頃である。

大きく変えたのは最初に構えをつくったときのバット位置。それまではバットを顔の前で構え、そこからピッチャーの始動に合わせて、キャッチャー方向にバットを引いてトップをつくっていた。しかし、これでは速い真っすぐにタイミングが遅れる。そこで、最初に構えた段階からバットの位置をキャッチャー寄りにしてトップをつくるようにしたのである。

稲葉はバットを弓にたとえ、「ピッチャーの投球を待つ」フォームに変えたのだと解説する。弓をいっぱいに引いた状態でピッチャーの始動に合わせて弓を引くのではなく、最初から改造は功を奏し、夏場に2割5分を切っていた打率は2割7分まで上昇した。

手ごたえをつかむと、翌年のキャンプではフォームを固めるために、例年以上にバットを振り込み、汗を流した。すでに33歳。自分は日本ハムがFAで獲得した初の選手であり、その期待にふさわしい結果を残さなければ、この先の野球人生はないという覚悟だった。

進退を懸けて挑んだ2006年は春先から好調だった。7月には打率・414、3本塁打、14打点で初の月間MVPも受賞。3本のホームランのうち1本は生涯初のランニングホームランでもあった。優勝争いが佳境に入った8月31日の楽天戦では延長11回裏、5時間14分に及んだ熱戦に終止符を打つサヨナラ安打も放った。

そして勝利の輪の中心に

しかし、この年、稲葉が忘れられないのはペナントレースではなくプレーオフでの一戦だ。

西武を1ゲーム差で振り切ってリーグ優勝はしたが、ここで勝たなければ日本シリーズには進めない。この年からシーズン1位のチームにはプレーオフ第2ステージで1勝のアドバンテージが与えられるようになったため、日本ハムは最大4試合を戦い、そのうち2勝すればいい。

相手は3位から勝ち上がってきたソフトバンク。第1戦は日本ハムがダルビッシュ有の好投で3対1と完勝した。

第2戦は日本ハムが八木智哉、ソフトバンクが斉藤和巳の先発で始まった。

斉藤はこの年、最多勝（18勝5敗）、最優秀防御率（1・75）、最多奪三振（205）、最高勝率（・783）の投手四冠に輝いたパ・リーグ屈指の本格派投手。一方の八木も12勝8敗、防御率2・48で新人王となった若きエース。

予想通り、両投手の息づまる投げ合いで、スコアボードにはゼロが並んだ。斉藤が持ち前のストレートとフォークで日本ハム打線に隙を見せなければ、八木も切れ味鋭いスライダーとシンカーで凡打の山を築いた。

ドラマは9回裏に待っていた。先頭の森本稀哲が四球で出塁し、田中賢介がバントで送る。続く小笠原道大が敬遠四球で一死一、二塁となるが、四番のフェルナンド・セギノールが空振りの三振に倒れ、稲葉に打順が回ってくる。

稲葉は第1戦から7打席ノーヒット。斉藤にはシーズン中も13打数2安打と抑え込まれてい

2004年のオフ、FAを行使してヤクルトから日本ハムに移籍した稲葉篤紀。移籍1年目こそパ・リーグの投手陣に苦しめられたが、夏場以降、見事に適応。2年目にはリーグ優勝、そしてプレーオフ制覇の原動力になった。(写真提供:産経ビジュアル)

た。しかし、このときは不思議と打てそうな予感がした。

「狙い球はフォーク一本。甘いフォークが来たら、絶対に打てる。思い切り振ろう」

1球、2球とストレートが続き、3球目にフォークが真ん中に入ってきた。稲葉がバットを叩きつけた打球はピッチャーの足元を抜けていった。しかし、セカンドの中澤忠厚が打球に追いつく。一塁ベースを駆け抜けた稲葉が思わず、二塁方向を見ると審判はセーフのジャッジ。一塁ランナーの小笠原の足のほうが一瞬速かったのだ。

これで二死満塁。稲葉はそう思った。ところが、大歓声のなか、本塁を振り向くと、二塁ランナーの森本が土煙を上げて滑り込んでいる。稲葉の内野安打の間に一気に生還したのだ。四球と犠打と内野安打。そして好走塁。クリーンヒットは1本もない泥臭い野球で、それまで完ぺきなピッチングを見せていた斉藤を打ち崩したところが日本ハムらしかった。

サヨナラ勝ちが決まると、ベンチの仲間が全員、稲葉のところに走ってきて大きな輪ができた。それは稲葉自身が「やっとチームの一員になれた」と実感した瞬間でもあった。

日本シリーズでは17打数6安打、2本塁打、7打点の大活躍で日本一に貢献した。メジャーへの道を断念した稲葉は北海道のフランチャイズ・プレーヤーとして復活し、今また侍ジャパンの監督として新たな一歩を踏み出そうとしている。

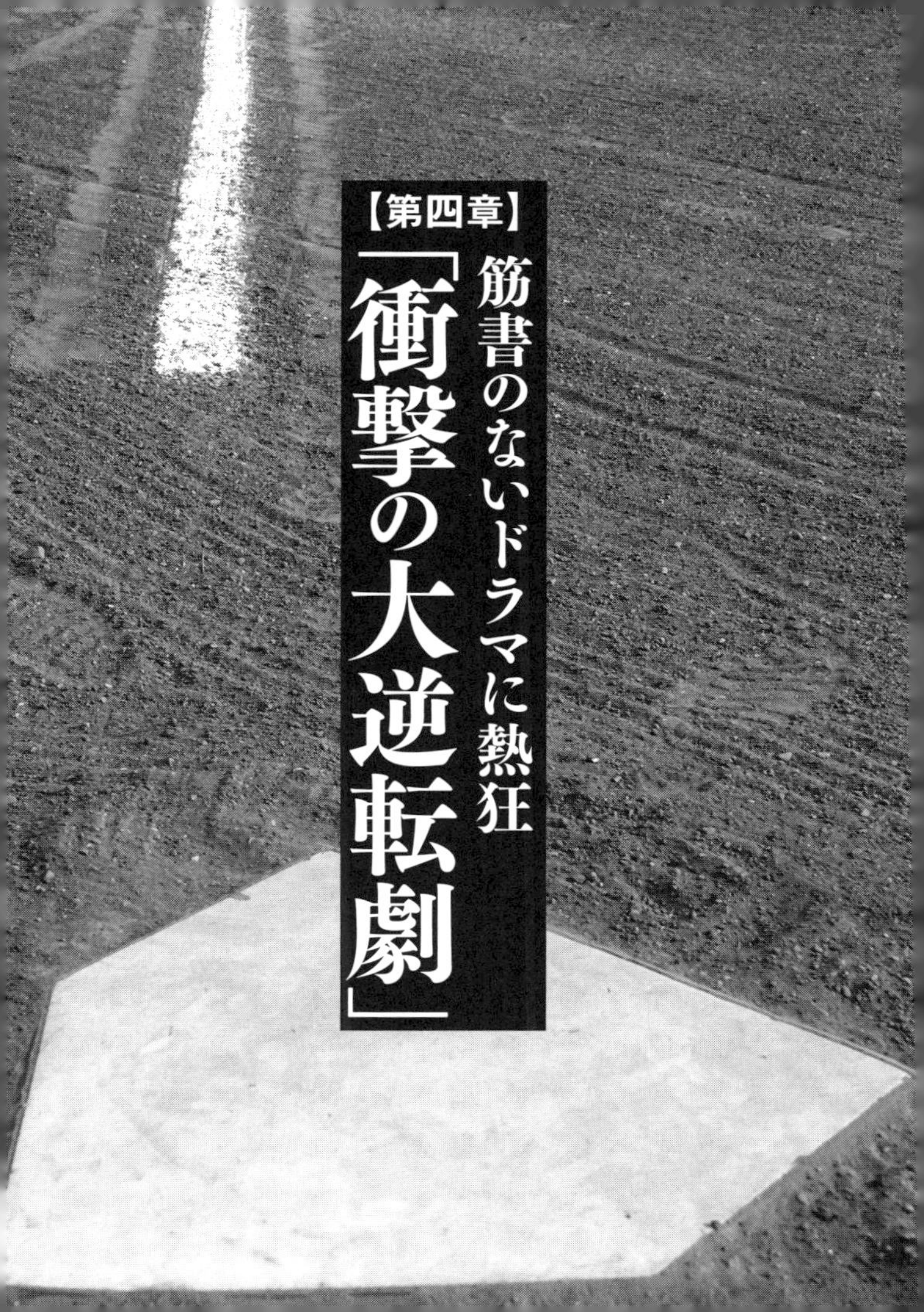

【第四章】
筋書のないドラマに熱狂「衝撃の大逆転劇」

逆転名勝負26

【1949年4月26日】

川崎徳次

打たれても打たれても、打ち返す投手が演じた3本塁打の逆転劇

セ・パ交流戦におけるパ・リーグの強さの秘密が1975年に採用した指名打者制にあるとはよく指摘されるところである。

指名打者制だと1番から9番まで野手が並ぶため、チームの打撃力は増し、これを相手にする投手の球威や投球術も磨かれる。しかも投手は打席に立たなくていいため、報復の死球を受ける危険がなく、相手打者の内角を思い切って攻められる。総じてパ・リーグの球場のほうが広いことも投手の攻撃的ピッチングに味方している……。

まったくその通りだろうと思う。しかし、だからといって、セ・リーグには指名打者制を導入し、プロ野球ファンからピッチャーのバッティングを見る楽しみを奪うような愚挙には走っ

てほしくない。

かつて大投手と言われた人たちは例外なくバッティングが良かった。その筆頭である400勝投手の金田正一は通算で38本塁打を記録し、続く別所毅彦も35本。金田の38本のなかには2本のサヨナラホームランと2本の代打ホームランも含まれている。他に20本以上打った投手に米田哲也（33本）、平松政次（25本）、堀内恒夫（21本）がいる。比較的新しいところでは江川卓が9シーズンという短い選手生活の間に13本をマーク。シーズン記録は日本初の完全試合達成投手、藤本英雄の7本（1950年）である。

投手で1試合3本塁打は史上2人のみ

こうした強打のピッチャーでもなかなか達成できなかったのが1試合の複数本塁打だ。80年以上の歴史を誇る日本のプロ野球で、1試合に3本のホームランを打った投手となると、わずか2人しかいない。

一人はV9巨人を支えたエース、堀内恒夫。堀内が凄いのは3打席連続ホームランであるうえに、対戦した広島を相手にノーヒットノーランまで達成していることだ。盆と正月が一緒に来たなどという月並みな表現をするより、競馬で万馬券を的中させたのと同じ日に宝くじで一等まで当ててしまったような壮挙と言ったほうがいいかもしれない。メジャーにもこんな痛快な記録はない。

面白いことに堀内は9回のマウンドに上がるまでノーヒットノーランに気がついていなかった。4回までにフォアボール4個を献上し、セットポジションで投げることが多かったため、何となくヒットを打たれた気になっていたというのである。

チームメイトに教えられて、ようやく記録を意識した9回の二死、カウント3‐0から広島の四番・藤井弘に左中間に会心のライナーを打たれる。それでもレフトの相羽欣厚の好捕でゲームセットとなったところに堀内の強運がある。1967年10月10日。堀内はまだプロ2年目、19歳だった。

もう一人の「1試合3発投手」は同じ巨人の川崎徳次だ。戦前は南海に所属し、従軍と捕虜生活による3年以上のブランクを経て戦後は巨人と西鉄で活躍した。通算188勝156敗。西鉄では監督も務め、温厚篤実な人柄から「徳さん」の愛称で親しまれた。

そんな川崎がバットでプロ野球史に不朽の名を遺すことになったのが1949年4月26日、金沢の兼六園野球場で行われた巨人対大映（千葉ロッテマリーンズの前身の一つ）の一戦。川崎が33歳のときである。

スコアは15対13。巨人が勝っている。先発の川崎はこの試合で3本のホームランを放ち、し

投手ながら一試合ホームラン３発の離れ業を演じた川崎徳次（1921 ～ 2006）。戦前に南海軍でデビュー。巨人、西鉄と渡り歩き、実働 16 年で通算 188 勝。1948 年には 27 勝、1953 年は 24 勝をあげ最多勝に輝いた。（写真提供：共同通信）

かもそのどれもが「逆転」か「勝ち越し」の冠がつく殊勲の一発だったから、堀内の3打席連続ホームラン以上に価値があるという見方ができるかもしれない。

球史に残る逆転に次ぐ大逆転

試合経過はざっとこんな具合だ。

1回表、川崎はいきなり2本のホームランを浴びて4点を失うが、2回裏、川崎自ら2点タイムリーを放って追いすがる。3回表にホームランで失点すると、その裏、1点を返した後に、なんと川崎自ら逆転満塁ホームラン。これでスコアは7対5。ところが、川崎は4回、7回にもホームランを打たれて、7対8と再びリードを許してしまう。

しかし、ここからが川崎劇場のクライマックスだった。7回裏に右中間に逆転2ランを叩き込むと、8回裏には味方の猛攻を締めくくるバックスクリーンへの勝ち越しの一発。8回表に2発を浴びて4点を失った投球を帳消しにしてしまった。

結局、川崎は9回にもソロホームランを打たれながら完投勝ち。自らの3本塁打も見事だが、合計8本塁打を浴びても最後まで投げ切ったところに価値がある。一人の投手が1試合で8本の本塁打を浴びたのも、13点取られての勝利投手も史上初めて。今も破られていない。ちなみに巨人の5本塁打を合わせた両チーム13本塁打もプロ野球記録だ。プロ野球黎明期はこうしたとんでもない記録があるから楽しい。

さすがに、ベンチも試合の途中で投手交代を考えたこともあった。

この日、巨人の指揮を執っていたのは現役の選手でもあった中島治康（プロ野球史上初の三冠王）。正規の監督である三原脩は相手チームの選手の頭を殴る通称「ポカリ事件」により出場停止中の身にあった。

中島監督代行がベンチで「そろそろ代わるか」と声をかけたのは6回裏。これに対し川崎は「今日みたいな日、誰が投げても同じでしょう」と続投の意思を伝えた。

川崎はこの試合について自著『戦争と野球―兵隊にされたプロ野球選手』（ベースボール・マガジン社）でこう振り返っている。

「私が打席に入るたびにポカスカ打ちまくるものだから、代えたくても代えられなかったのだろう。いずれにしてもこんな試合はもう二度とないだろう」

川崎の「誰が投げても同じ」「二度とないだろう」という言葉には理由がある。

一つは兼六園野球場（73年に閉鎖）が箱庭球場だったからだ。両翼こそ91メートルだが、中堅までは100メートルほど。しかも右中間、左中間のふくらみがほとんどないため、センターを中心に飛んだ打球が簡単にスタンドに届いてしまう。まさに投手受難の球場だった。

さらにプロ野球界は前年の後半から翌50年まで「ラビットボール」と呼ばれる飛ぶボールを使用した。極端に狭い球場で、飛ぶボールを使っているのだから、誰が投げても大量失点を覚悟しなければならない。つまり、これほどドラマチックな劇画的展開、それも投手による自作自演の一人芝居は二度とお目にかかれないだろう。

なお、川崎の名誉のために付け加えておかなければいけないことがある。箱庭球場で、飛ぶボールだったから、誰もが打てたわけではない。この日の巨人のクリーンアップに座った青田昇、川上哲治、平山菊二はホームランを1本も打っていないし、打点もゼロ。四番の川上に至っては4打数ノーヒットに終わっている。そして、川崎はそれまで公式戦でホームランを打ったことは一度もなかった。

この日の3ホーマーで打撃開眼したのだろうか。翌1950年、2リーグ分立にともない、福岡に創設された西鉄クリッパース（後の西鉄ライオンズ）に移籍すると、川崎は投手として12勝を挙げ、打者としても打率・291、4本塁打、19打点の数字を残した。生涯の打撃成績は1203打数251安打、打率・209（堀内の通算打率は・172）、10本塁打、98打点。川崎のモットーは「野球を楽しくやろう。楽しくなければ野球ではない」だった。その記録からも、晩年になっても、投げて、打ってと野球を楽しんでいた様子が見えてくる。

逆転名勝負27

【1971年5月3日】
東映フライヤーズ
昭和の暴れん坊たちが達成した今なお破られない世界記録

パ・リーグの歴史は球団名が消えて行った歴史でもある。

ぼくが中学生になった１９７０年にあったセ・リーグ６球団のうち巨人、阪神、広島、中日は今も名前が同じだ。このときのヤクルトアトムズは虫プロダクションの倒産で鉄腕アトムのキャラクターが使えなくなったため、１９７３年にヤクルトスワローズに名前を変えた。２００５年には地域色を出すために東京ヤクルトスワローズになっている。親会社が変わったのは大洋だけだ。大洋ホエールズから、横浜大洋ホエールズ（１９７８年）、横浜ベイスターズ（１９９３年）と名前を変え、２０１１年に現在の横浜ＤｅＮＡベイスターズとなった。

これに対しパ・リーグは６球団のうち５球団が身売りなどで名前を変えている。南海ホークス、近鉄バファローズ、阪急ブレーブス、東映フライヤーズ、西鉄ライオンズの名前はもはや存在しない。近鉄に至っては2004年の球界再編騒動のなかで球団そのものがなくなってしまった。半世紀以上親会社が変わっていないのはロッテだけだ。それでも1991年の本拠地移転にともないロッテオリオンズの球団名は千葉ロッテマリーンズに変わった。

もちろん、パ・リーグ球団の親会社が変わり、球団名を変えていったのは観客動員の低迷による経営難からである。試合がテレビで放映される機会も少ない。

ぼくのような地方の野球ファンがパ・リーグの選手を見るのは日本シリーズやオールスター戦くらいしかなかったのだが、情報が少ないから逆にパ・リーグのチームや選手に対して想像力はかきたてられた。その筆頭が東映フライヤーズだった。

無頼の香りがする超個性派集団

当時、東映でリーグの打撃ベストテンの上位にいたのが張本勲であり、大杉勝男である。張本は毎年のように首位打者を獲り、大杉もホームランと打点のタイトル争いに絡んでくる。さらに韓国から初めて日本球界入りした白仁天《ペクインチョン》、足の速い名二塁手で、「隠し玉の達人」とも言われた大下剛史、「三塁打王」の毒島章一と、個性あふれるプレーヤーが揃っていた。

張本勲とともに東映攻撃陣をけん引した、大杉勝男。リーグを代表する強打者で、1970 年と 71 年に 2 年連続でホームラン王を獲得。実働 19 年で本塁打 486 本、1507 打点（いずれもＮＰＢ歴代 9 位）を記録した。（写真提供：産経ビジュアル）

しかも、野球だけでなくケンカの腕っぷしが強いというところも、「紳士たれ」をモットーとする巨人などにはない魅力だった。

その頃の野球雑誌に「ケンカ太郎列伝」と題された記事があり、「ナンバーワンは張本」と書かれていたのを今もはっきり記憶している。阪急のダリル・スペンサーを相手に立ち回りを演じ、バットを持ってグラウンドを追いかけたというエピソードにはまだ見ぬパ・リーグ野球の危険な匂いを感じたものだ（映像が残っているなら、今でも見たい）。

張本の弟分である大杉も「乱闘あるところに大杉あり」と言われ、西鉄の助っ人外国人カール・ボレスを右ストレート一発でノックアウトしたという武勇伝があった。白もまたプロボクシング出身の審判、露崎元弥に痛烈な体当たりを食らわせ、転倒させるほどの気性の荒さがあった。大下もその後、広島コーチとなってからの鉄拳制裁も辞さない熱血指導を考えれば、かなりヤンチャな選手だったのは間違いない。

こうした猛者たちにつけられたあだ名が「暴れん坊軍団」。本拠地が駒沢にあったことから「駒沢の暴れん坊」とも言われた。親会社が東映だということもあり、どこか任侠映画の世界を思わせるし、この頃の張本などはユニフォームより着流しのほうが似合いそうだった（その後、張本は１９８４年公開のヤクザ映画『修羅の群れ』に出演）。

そんな暴れん坊たちがあくまで野球のルールのなかで大暴れしたのが、１９７１年5月3日、東京スタジアムのロッテ戦だった。

世界記録の大逆転で連敗ストップ

東映はここまで9連敗を喫しており、投打ともどん底の状態だった。しかも負け方が悪い。8連敗目も9連敗目もロッテの江藤慎一（この年、中日から移籍し史上初の両リーグ首位打者に輝いた）にサヨナラの一打を浴びてのものだった。

この日もローテーションの谷間に登板したロッテ・池田重喜に翻弄され、8回を終わって1対6と10連敗は目前。最終回の攻撃も一死から大杉がホームランを放ったものの、続くボブ・クリスチャンが三塁線を破るヒットを打ちながら二塁を欲張ってツーアウト。

しかし、野球のドラマはツーアウトから始まる。

池田はにわかにコントロールを乱し、ヒットと四球で一、二塁となった。ここでロッテの濃人渉監督は八木沢壮六（後の千葉ロッテ監督）に交代。東映は末永吉幸を代打で送り出したのだが、なんでもないショートゴロに倒れ、ボールは二塁の山崎裕之へ。塁審の右手が上がったため、これでゲームセット……のはずが、山崎のグラブからはボールがこぼれる。

東映の猛抗議で判定はセーフに訂正され、試合は二死満塁から再開された。

これで流れは変わり、代打の今井務、一番・大下のタイムリー、さらに野選とエラーが重なり、たちまち6対6の同点。試合は延長戦にもつれこんだ。

10回表、二死一塁の場面でロッテのピッチャーは4番手の佐藤元彦に交代するが、種茂雅之の二塁打、末永敬遠で満塁のチャンスを迎える。

九番のピッチャー皆川康夫の代打に起用されたのは作道《さくどう》烝《すすむ》である。入団7年目の前年、代打や外野手でプロ最多の66試合に出場し、初ホームランも放っていたが、この年はここまで9打数ノーヒット。だが、ベンチには作道以外に手駒がなかった。

カウント1-1からの3球目だった。真ん中に入ってきた佐藤のカーブにタイミングを合わせ思い切り振り抜くと、打球はグングン伸びてそのまま左中間スタンドに飛び込んだ。代打満塁逆転ホームランである。ベンチは優勝したかのような騒ぎになった。しかし、このホームランは奇跡の第一幕にしか過ぎなかった。

10対6とリードし、打順は一番・大下。塁に出ることしか考えなかった大下は1球ファウルした後、ストレートを叩くと打球はレフトスタンドへ。二番の大橋穣は打撃より守備の人だ。素晴らしい強肩の持ち主で翌年から7年連続ダイヤモンドグラブ賞を受賞している。しかし、前日の試合で2ホーマーを放つなど、バッティングは絶好調だった。気楽にバットを振ると、またもやレフトスタンドへ。これで3者連続ホームランである。

次は三番の張本。ベンチのナインは「ハリさん、続かないと」「狙ってくださいよ」と盛んに煽り立てる。ここまでノーヒットの張本はメンツにかけても期待に応えないわけにはいかない。ピッチャーは左の佐藤政夫に交替したが、1球空振りしたあとのストレートをきれいに流し打った打球はレフトスタンドに届いた。

こうなれば、最後を締めるのは四番の仕事である。前年に続き、この年もホームラン王となる大杉はフェンスオーバーだけを狙ってバッターボックスに入った。1－2と不利なカウントに追い込まれながら、4球目のストレートを躊躇することなくフルスイングすると、ライナーでレフトスタンドに突き刺さった。これで5者連続ホームラン。1986年に西武が1イニング6ホーマー（西岡良洋、清原和博、石毛宏典、ブコビッチ、秋山幸二、大田卓司）を記録するのだが、5連発の記録は破られていない。メジャーリーグにもない世界記録である。

なお、記録達成の舞台となった東京スタジアムは翌1972年に閉鎖された。東京スタジアムはロッテオリオンズの前身、大毎オリオンズのオーナー永田雅一の「メジャーリーグに負けない球場を」との思いから作られた球場である。さらに言えば、永田は大毎の親会社、大映の名物社長。日本の映画界はとっくに斜陽の時代に入っていたわけだが、この日、東京スタジアムでは東映と大映という映画会社の代理戦争が繰り広げられ、その結果、今なお輝き続ける金字塔が打ち立てられた。ぼくにはそう思えてならない。

逆転名勝負28

【1997年8月24日】近鉄バファローズ

これぞ「いてまえ打線」の真骨頂
10点差をはね返した史上最大の大逆転

野村ヤクルトのID野球を打撃面で支え、3度のリーグ優勝と2度の日本一に貢献したバッティングコーチの伊勢孝夫がチームを去ったのは1995年のことだ。

ヤクルトはペナントレースを独走で制覇すると、日本シリーズでもイチロー封じに成功し、仰木彬監督率いるオリックスを4勝1敗で退けた。祝勝会で沸きかえる会場を野村がテレビ出演のために抜け出すと、伊勢もすぐに後を追った。野村は別室で着替えを始めていた。

「もうご存知かもしれませんが、今シーズン限りでヤクルトを辞め、古巣の近鉄に戻ります。野村監督には長い間、お世話になりました」

型通りの挨拶を済ませて部屋を出ようとすると、野村は伊勢のほうを見るでもなく、いつもの口調でボソッとつぶやいた。

「おまえには苦労をかけっぱなしだった。ホントによくやってくれたと思うよ。これまでありがとうな」

野村がシーズン中のベンチやミーティングルームでコーチ相手にこんな優しい言葉をかけることは、少なくとも伊勢が野村の下で野球をした5年間に1度もなかった。

「ちょっとホロっとしましたね。ワシのことをそこまで考えてくれたとは……。こんなことなら、もう1年でも2年でもノムさんと一緒にやろうかと思うたよ。シーズン中はやれ『あのピッチャーのクセはないか』、やれ『もっと役に立つデータを出せ』と、文句や愚痴を言われるばかりで、このままじゃ早死にするのは間違いないと思うほどやった。事実、翌年のオフには大腸がんの手術をしてますから。原因はノムさんの下で、ＩＤ野球をやったストレスだったと思いますわ（笑）」

ＩＤ野球が生んだ史上最高の大逆転劇

伊勢が近鉄に戻ったのは、野村の下で学んだＩＤ野球を自分が現役時代の大半を過ごした近鉄に注入し、優勝に導くことが目的だった。しかし、伊勢が近鉄のヘッド兼バッティングコーチに就任した1996年は4位。その後も1997年にAクラスに入っただけで、1999年から2年連続最下位。念願のリーグ優勝は6年目の2001年まで待たなければならなかった。

2001年の近鉄優勝は今も語り草だ。チーム防御率はリーグ最低の4・98。それでも優勝できたのはチーム打率・280、総本塁打211本、総得点770（1試合平均5・5）という破壊力抜群の打線があったからだ。それこそ伊勢が近鉄伝統の「いてまえ打線」に野村ヤクルトで培ったID野球を注入した成果でもあった。打線の中核は55本塁打のタフィ・ローズと46本塁打の中村紀洋。2人合わせて263打点は全盛期のONさえ凌ぐ驚異的な数字である。伊勢によれば、相手投手の配球パターンや球種を分析し、的確に狙い球を絞るID野球の優等生がローズと中村でもあった。

この年の近鉄は何度も逆転試合を演じているのだが、その萌芽を思わせる試合が4年前にもあった。大阪ドームが開場した1997年8月24日。近鉄はこの日、千葉ロッテを相手に球史に残る大逆転劇をやってのけた。

先発の佐野重樹（後に慈紀）が絶不調で、1回表にいきなり5点を失うと、2回も5点を献上。序盤で0対10の大差をつけられてしまう。打線もロッテ先発の園川一美を打ちあぐむ。

元気も覇気も全く感じられない近鉄ナインに対し、怒ったのはベンチではなく、ライトスタンドに陣取った応援団だった。2回裏から応援のボイコットを決行。笛や太鼓やトランペットといった、いわゆる鳴り物の応援がピタリと止んでしまうと、球場内は異様な静寂に包まれた。これで近鉄ナインが何も感じないはずはない。ファンの怒気を孕んだ空気が打線の導火線に火をつけたのだろう。

3回裏、村上嵩幸が意地の一発を放って反撃を開始する。続く4回には指名打者のフィル・クラークが左中間スタンドにソロホームラン。さらに5回には4安打で4点を奪って、4点差。ついに園川をノックアウトする。それまでベンチで笑みさえ漏れていたロッテの近藤昭仁監督の顔がしだいに険しくなり、やがて青ざめていったのを伊勢ははっきり覚えている。

7回にはクラーク、大石大二郎などのタイムリーヒットで3点を追加。いよいよ1点差まで追い上げると、近鉄応援団も無言の抗議に効果があったと判断したのか、応援を再開した。

9回裏、スタンドとグラウンドが一体化した雰囲気のなかで、近鉄は一死二塁の絶好機を迎える。ここで佐々木恭介監督が俊足のランナー、武藤孝司に出したサインはスチールだった。このギャンブルが功を奏し、ロッテのキャッチャー吉鶴憲治が悪送球すると、武藤は一気にホームに生還。勝負は土壇場で振り出しに戻った。

こうなれば形勢は近鉄に傾く。

8回からマウンドに上がった抑えの切り札、赤堀元之がロッテ打線を抑えると、延長12回裏、近鉄は二死満塁のチャンス。打順の巡り合わせもよく、打撃好調の四番クラークは吉田篤史のストレートを鮮やかにセンター前に弾き返した。すでに野手が底をついていたため、ホームを踏んだのはピッチャーの入来智だった。

「佐々木恭介の監督時代に目立ったことと言えば、この試合とドラフトで福留孝介を指名してあいつがヨッシャーと雄叫びをあげたときくらいかもしれん」と伊勢は笑う。

ノーガードの打ち合いも野球の醍醐味

10点差をはね返しての勝利はこの日の近鉄を含め、これまでに4回ある。最初は1949年10月2日、大陽ロビンスが大映スターズ相手に記録した。

大映は初回に1点を奪うと、3回には7安打2四球の猛攻で一挙9得点。一方の大陽は5回を終わって1安打と敗色濃厚だった。ところが、6回裏、大映が平凡なショートゴロを失策したことで流れが大陽に傾き、連続二塁打などで3得点。7回には3ランなどで4点、8回も相手の暴投なども手伝って同点に追いつく。9回裏には押し出しのデッドボールでサヨナラ勝ちしたのだった。

その2年後の1951年5月19日には、大陽ロビンスから名称を変えた松竹ロビンスが再び10点差の逆転劇を見せている。相手は大洋ホエールズだ。

1997年8月24日、近鉄対ロッテ（大阪ドーム）。延長12回裏、10点差をひっくり返すサヨナラタイムリーを打ったクラークを迎える近鉄・佐々木恭介監督。10点差の逆転試合はNPBの歴史の中でわずか4度しかない。（写真提供：産経ビジュアル）

試合は大洋が6回までに5本塁打を放つ猛攻で12対2と大量リード。しかし、これで大洋は油断したのか、松竹は7、8、9の3イニングで11点を奪い、ゲームをひっくり返してしまった。前年、51本塁打を放ち、今も破られていない日本記録の161打点をマークした小鶴誠が2本塁打、6打点の大暴れ。最後はリリーフで登板した小林恒夫（後に小林経旺）が自ら3ランを放って試合を決めてしまう派手な逆転劇だった。

3度目が先に紹介した近鉄で、4度目は2017年7月26日、ヤクルトが中日戦で6回終了時0対10の劣勢から試合をひっくり返した。7回、代打・中村恭平の2ランで反撃を開始すると、8回には打者14人の猛攻で一挙8点。延長10回裏、代打・大松尚逸が右中間へサヨナラのアーチを叩き込んだ。

10点差をひっくり返した大陽、松竹、近鉄、ヤクルトの4チームには共通点がある。いずれも優勝チームではない。それどころか、シーズン終了時には首位から大きく離されている。相手チームもまた同様である。

つまり、優勝から見離されたチーム同士がノーガードで打ち合い、そこに失策や継投ミスもからんで歴史的な逆転劇も生まれたわけで、どこかやけっぱちで、危険な匂いがする。こんなゲームに遭遇するのだから下位チーム同士の対戦といえども見逃せない。

逆転名勝負29

【1977年6月13日】

若松 勉

「小さな大打者」が記録した2試合連続代打サヨナラ本塁打

現在、「小さな大打者」と言ったら、真っ先に思い出すのはメジャーリーグのホセ・アルトゥーベ（ヒューストン・アストロズ）だろう。身長は167センチとも165センチとも言われる。2メートルを超える選手も珍しくないメジャーでは小柄な体格がひと際目を引くが、すでに4年連続200安打を達成し、27歳という年齢を考えればイチローの記録を抜く可能性も秘めている。2016年には24本塁打、96打点と長打力も見せつけた。

では、日本のプロ野球史上最強の「小さな大打者」は誰か。ぼくに限らず、若松勉を推す野球ファンが多いのではないか。

若松と言うとヒットメーカーの印象が強い。首位打者を2度獲得し、規定打席に到達しての

3割以上が12回。4000打数以上を記録した選手のなかで、通算打率・3191 8はレロン・リーの・320に続き、歴代2位（5000打数以上なら史上1位）。日本人選手としては張本勲（・31915）や川上哲治（・313）を抑えて、今なおトップである。

パンチ力もあった小さな大打者

しかし、若松は打率だけの人ではない。通算本塁打は220本を数える。200本塁打以上の選手はおよそ100人いるのだが、このなかで一番背が低いのが若松である。というより、100人のなかで身長が170センチを切るのは若松と福本豊（208本塁打）しかいない。若松の現役時代の公称が168センチ。福本も168センチ。青田昇（265本塁打）と門田博光（567本塁打）は実際には170センチ未満と言われるが、現役時代の公称は170センチになっているので、除外した。

実は、若松は実際の身長は168センチもない。166センチのぼくとほとんど変わらないので、本人に確かめると、照れ笑いしながら教えてくれた。

「168はあくまで公称。166くらいかな。入団したばかりの頃は小さく思われるのが嫌なのと、区切りがいいという理由で170センチと言ってたんだけどね」

このときのインタビューは『背番号1の打撃論』（ベースボール・マガジン社）という一冊にまとめたのだが、サブタイトルは『小さな体でもホームランが打てる！』。

現役時代の若松は長打力にも自信があった。フリーバッティングではあのチャーリー・マニエル（パ・リーグで2度のホームラン王）と競うように打球をスタンドに打ち込んでいたというエピソードもある。若松は「インパクトの瞬間に最大限の力を集約する技術があり、なおかつタイミングが合えば、体は小さくてもホームランは打てる。大事なのは下半身で打つこと。とくに軸足の親指で地面を蹴り、内転筋を通してその力を伝えれば、打球は遠くに飛ぶ」と打撃論を語る。そのために素振りもティーバッティングも、足の親指と内転筋を意識した。人生で一番やったのは「バットを振ること」だった。

220本のなかには若松をホームランバッターだと認めないわけにはいかない派手な一発もある。たとえば、ヤクルトが初優勝した1978年の5月6日、横浜球場での大洋戦で記録した3イニング連続ホームランだ。

背中と腰を痛めていたこともあって、前日まで打率・227と不調にあえいでいたが、自宅で素振りをしていて感覚的にフィットしないからと、バットを物置にあった古いものに変えたところ、その翌日には打棒が爆発。5回に根本隆の内角ストレートを振り抜くと打球はライトスタンドへ一直線。続く6回は関本充宏（現在は関本四十四、大洋時代のみ関本充宏で登録）

のシュートをコースに逆らわずに叩き、レフトスタンドへ。

さらに7回、アンダースローの田中由郎のカーブにバットを合わせると、風にも助けられた打球は右中間スタンドに飛び込んだ。これまで3イニング連続でホームランを放ったのは若松を含め、田淵幸一、清原和博ら7人しかいない。

異様に高いサヨナラホームラン率

もう一つ、若松が誇りにしている記録がサヨナラホームランの数だ。歴代の上位は以下の顔ぶれ。なおカッコ内は通算本塁打数である。

1位　清原和博　12本（525本）
2位　野村克也　11本（657本）
3位　中村紀洋　10本（404本）
4位　王　貞治　8本（868本）
　　若松　勉　8本（220本）
6位　豊田泰光　7本（263本）
　　長嶋茂雄　7本（444本）

藤井康雄　７本（２８２本）
井口資仁　７本（２５１本）

名だたるスラッガーのなかにあって、１６６センチの若松の名前が光り輝いて見えるのはぼくだけだろうか。特筆すべきは通算ホームランに占めるサヨナラホームランの割合だ。計算上は27・5本に1本はサヨナラホームラン。もちろん、サヨナラホームランは巡り合わせもある。サヨナラの場面でどれだけ打席に立てたか。しかも、相手投手がそこで勝負を挑んだかどうか。王や長嶋を相手にピッチャーがまともに勝負することは少ない。それでも、通算３４９本のホームランを放ちながらサヨナラホームランは１本もない掛布雅之のような選手もいるのだから、若松の８本は立派な勲章である。

８本のなかには、若松と豊田泰光しか記録していない２試合連続代打サヨナラホームランもある。若松が打率・３５８で２度目の首位打者を獲得した１９７７年だった。

右わき腹を痛めた若松は５日間の休場後、「代打でなら出られます」と広岡達朗監督にベンチ入りを直訴。さっそく6月12日の広島戦で出番がやってくる。

延長10回裏、スコアは2対2。マウンドには前年20勝を挙げている池谷公二郎。若松の頭にあったのは「空振りしてもファウルしてもわき腹に響くから、一振りに賭ける」という思いだった。とにかくヒットで出塁し、次のバッターにつなぐことだけを考えた。

勝負は初球で決まった。池谷が投じたスライダーが真ん中より少し内側の甘いコースに入ってきたのだ。これを強振するとボールはライトスタンドに吸い込まれた。

翌13日も試合はもつれ、9回表を終わって6対6の同点。9回裏一死一塁の場面で「代打若松」が告げられた。このときは前日とは異なり、「できればホームランを打ちたい」、そう願って打席に入った。しかし欲が集中力を邪魔することはなかった。

ピッチャー松原明夫（後に福士敬章）が投じたスライダーは、まるで前日のリプレー画像を見るようにインコースの高めに入ってきた。わき腹の痛みも忘れ、無心でバットを振り抜くと、この日も白球はライトのフェンスを越えていった。

若松は1981年には日本タイの年間3本のサヨナラ本塁打を放った（1993年にジャック・ハウエルが5本の新記録）。これで通算8本となり、心秘かに「王超え」を期した。「通算ホームランの数では王さんに逆立ちしたってかなわない。だったら、サヨナラホームランくらい抜いてやろうじゃないかと。でも、力んじゃってねぇ……」

王は1980年で現役を退き、一方、若松は1989年までプレーした。この間、サヨナラの場面は幾度かあったが、あと1本が出ない。ここ一番の緊迫する場面、狙ってホームランを打つのはいかに勝負強い若松でも難しかった。

1977年6月13日、ヤクルト対広島（神宮球場）。2日連続で代打サヨナラホームランを放ったヤクルト・若松勉。まさに「小さな大打者」の呼び名にふさわしい、一発を秘めたNPB最強のアベレージヒッターだった。（写真提供：産経ビジュアル）

逆転名勝負30

【1981年6月23日】

阪神タイガース2

椿事のシーズンの最大珍事
振り逃げが呼んだサヨナラ勝利

１９８１年はグラウンドから長嶋茂雄のユニフォーム姿が消えたシーズンである。

「野球の世界は結果が優先。男としてけじめをつけたい。勝敗の責任はすべて監督にあることを自覚しています」

前年の10月21日、長嶋は退団が自分の判断であることを記者会見で強調したが、事実上の解任であることは明らかだった。

表現は大袈裟かもしれないが、長嶋茂雄が巨人に入団してから23年間、プロ野球は長嶋茂雄を中心に回っていた。ずっと存在すると思っていたものがなくなったのだから、その喪失感は果てしなく深かった。ぼくには、１９８１年に椿事が多かったのはプロ野球が巨大な中心を欠いたまま動き出した最初のシーズンだったからであるような気がしてならない。

81年の球界椿事いろいろ

その象徴が中日・宇野勝のヘディング事件である。

8月26日の後楽園球場。巨人対中日の7回裏二死一塁の場面、山本巧児が放った打球はショートの後方に舞い上がった。宇野はバックしながら捕球体勢に入るのだが、照明が目に入ったのか打球を見失ってしまう。そして、ボールは宇野の額を直撃すると、勢いよく跳ねて、レフトのフェンス際まで転々とする。その間に一塁走者の柳田真宏がホームインし、打者走者の山本も三塁を回るが、中継プレーにより本塁で刺される。一方、完封を逸したマウンドの星野仙一は怒りをあらわにし、グラブを地面に叩きつける……。

この一部始終がスポーツニュースの『珍プレー好プレー』で紹介され、宇野は一躍全国区の人気者になったというのが事の顛末である。

何よりプロの野手がグラブにかすりもさせずに額に当てたことに感心する。サード長嶋のトンネルを見るような爽快感さえあって、宇野の才能を感じないわけにはいかない。

そして、宇野がヘディングをしたのと同じ日、甲子園球場でも椿事は起きていた。

阪神・江本孟紀は7回までヤクルトを1点に抑える好投を見せるのだが、8回に同点タイムリーを浴びて降板。自分の起用法に対する不満もあった江本はロッカールームに向かう途中、「ベンチがアホやから野球ができへん」と、首脳陣批判と受け取れる言葉を記者の前で吐いてしまう。翌日、これがスポーツ紙に掲載されると、江本はその責任をとって、あっさりユニフォームを脱いでしまっている。

ペナントレースを制したのは藤田元司監督率いる巨人だが、ここにも椿事はあった。

8月15日の神宮球場でのヤクルト戦である。9回表、巨人の松本匡史は1－2からの投球をハーフスイングし、これを球審にスイングと判定されたため、三振。ところが、キャッチャーがボールを後逸したため、松本は一塁に走り、振り逃げが成立した。

このプレーに対し、「今のはボール。松本のバットは回っていない」と激しく抗議したのがヤクルトの武上四郎監督だった。守備側の監督が相手バッターのハーフスイングを認めないという珍しい事態になったのである。審判団の協議の結果、カウント2－2から打ち直しとなるのだが、本当の珍事はここから。

松本は1球見送ってフルカウントにすると、ファウルで3球粘った末、9球目を思い切り叩いた。これがレフトフェンスをギリギリで越えるホームラン。松本はプロ4年目、通算7本目のホームランである。抗議が仇となった格好だが、武上もまさか松本がホームランを打つとは想像もしていなかったに違いない。

なお、松本は1976年、ドラフト5位で早大から入団。脱臼癖があるためプロ入りを渋っていたが、これを説得したのが監督2年目の長嶋だった。3年後には肩を手術し、外野手に転向。第1次長嶋政権最後のシーズンからはスイッチヒッターとして活躍した。

振り逃げが生んだ珍逆転

1981年は振り逃げがらみの珍事がもう一つある。

6月23日、甲子園球場を舞台に繰り広げられた阪神対広島の一戦だ。

阪神・山本和行、広島・福士敬章の両先発で始まった試合は、阪神が山本自らの満塁ホームランなどで4回までに6対0とリード。山本もこの回まで快調なピッチングで広島打線をノーヒットに抑えていたのだが、5回表、ジム・ライトルにソロホームランを打たれると、6回表には広島の山本浩二に満塁ホームランを浴びてしまう。

投手・山本と野手・山本の満塁ホームランの応酬という、滅多に見ることのない展開でスコアは6対5となり、試合はにわかに緊迫の度を増した。

広島は追撃の手をゆるめない。8回表には6回途中から代わっていた阪神のピッチャー中田良弘から、ランナーを一人置いて山本浩二が再びレフトスタンドにホームランを叩き込んでついに7対6と逆転。さらにこの回、道原裕幸のタイムリーで9対6と点差を広げた。

阪神も8回に粘って1点を奪うと、9回に誰も想像していなかった結末が訪れる。

マウンド上には大野豊。10年後の1991年には6勝2敗32セーブ、防御率1・17という文句なしの成績でチームを優勝に導いた名クローザーだが、このときは抑えを任されて1年目。しかも、前年、日本ハムに移籍した江夏豊の後釜に指名されての配置転換だった。その重圧に苦しみ、大野自身が「野球人生で最も辛かった」と語る時期である。

この頃の大野はストレートはめっぽう速く、フォークの切れ味も抜群だった。ただし力まかせに投げるだけで、コントロールに難があるうえ、一旦ピッチングのリズムが崩れてしまうと、修正がきかないところがあった。

その不安がこの試合でも露呈する。当時のクローザーは9回限定ではない。この日の大野も7回から登板し、8回に1点を失ったものの、9回は簡単にアウトを2つ取る。ところが、勝利を目前にして突如制球を乱し、掛布雅之にデッドボールを与えると、代打の川藤幸三をストレートで歩かせ、続く岡田彰布もフォアボール。あっという間に二死満塁となり、阪神には願ってもないチャンスとなった。

ここで打席に入ったのが、六番の藤田平である。申し訳ないけれど、ぼくには藤田が勝負強

1981年6月23日、阪神対広島（甲子園球場）で起きた椿事〝振り逃げ同点劇〟の立役者・阪神の藤田平。阪神一筋19年で、2000本安打も達成。タイガースの生え抜き選手として初めて名球界入りした。（写真提供：産経ビジュアル）

いというイメージがない。フィールディングもバッティングも一流なのに、どこかひ弱なお坊ちゃんの印象があるのだ。この場面も大野に易々と1－2に追い込まれてしまう。

4球目に大野が投じたのはフォークボールだった。広島バッテリーは2点差だから暴投してもまだ1点余裕があると判断したのだろう。ホームベースの手前でワンバウンドするようなフォークを藤田が空振りし、阪神はこれで万事休すのはずだった。

ところが、キャッチャーの道原がこれを後逸。キャッチングのいい道原が逸らすのだから、大野のフォークがいかに切れていたかが分かる。藤田は必死で一塁に走り、振り逃げが成立。もちろん、三塁ランナーは生還する。さらに甲子園の広いファウルグラウンドをボールが転々とする間に二塁ランナーまで一気にホームを駆け抜け、ついに9対9の同点。

最後は一、三塁から佐野仙好がしぶとくセカンドの横に転がる内野安打を放ってサヨナラ勝ちを収めた。この回、阪神のヒットはわずかに内野安打が1本。それで3点を奪って逆転したのだから、まさに棚ぼたの勝利であった。広島にとっては悪夢の敗戦である。記録の上では振り逃げで入った2点は大野の暴投によるもので、藤田に打点はつかない。

しかし、このシーズンの藤田には間違いなくツキがあった。巨人の篠塚和典を1厘差で抑え、初の首位打者（打率・358）を獲得している。

逆転名勝負31

【1976年10月19日】

谷沢健一

最後の最後まで追い上げて わずか1毛差で逆転首位打者

プロ野球を見る楽しみの一つに記録がある。2位チームとのゲーム差が離れ、ペナントレースの帰趨が見えても、個人タイトルの行方が興味をつないでくれる。

打点、打率、ホームラン。いわゆる打撃三部門のなかで、打点は前の打者がどれだけ塁に出てくれるかにかかっている。つまり他力本願の側面がある。しかもホームランを多く打てる打者がタイトルを取るケースが多いし、そのホームランも最近は球場の大きさの違いが顕著で、狭い球場を本拠地にしているチームのバッターが有利であるのは否めない。

そこへいくと、打率部門は規定打席に足りているバッターに対して平等である。身体が小さな選手にもチャンスがあるし、打順の有利・不利も少ない。しかも積み上げた数字が減ること

がない打点やホームランと違って、数字は日ごとに上がったり、下がったりする。

だから、ペナントレースの終盤を迎え、厘差、毛差の争いになってくると、ベンチは駆け引きを行う。しかし、駆け引きがあまりにフェアではなく、多くの野球ファンの顰蹙を買ったのが、1982年の首位打者争いである。

首位打者を巡る仁義なき戦い

10月18日、横浜球場での大洋対中日戦だった。中日が勝てば優勝、負ければすでに全日程を終えている巨人の優勝が決まるという最終戦であり、同時に大洋・長崎啓二、中日・田尾安志の首位打者争いが決着する一戦でもあった。

試合前の時点で、打率1位の長崎が・351、2位の田尾が350。大洋の関根潤三監督はこの試合で長崎を休ませ、田尾に対しては全打席敬遠を指示した。

球場が騒然としたのは8回表の田尾の5打席目だった。キャッチャーが立ち上がり、3-0のカウントになったところで、田尾が2球続けてバットを振ったのだ。敬遠に対する抗議の意思は明らかだった。中日の三塁コーチ・黒江透修があわてて田尾のもとに走り寄り、「もういいだろう。これ以上騒ぎを大きくするな」と耳打ち。田尾は次のボールを見送り、静かに一塁へ歩いた。このとき黒江は「本当の首位打者はおまえだ」と囁いたとも言われる。

試合は中日が8対0と圧勝して優勝を決め、長崎は初の首位打者を獲得した。しかし、この後、球団や新聞社、テレビ局には抗議が殺到。「勝利を無視して個人記録を優先していいのか」「5打席連続敬遠は意図的な敗退行為だ」という批判の声がほとんどだった。

敬遠を指示した当事者である関根潤三はこう語っている。

「とにかく長崎に首位打者を獲らせたかった。これを逃したら、あいつは一生獲れないだろうと思ったから。いずれにしても悪いのはぼくですよ。世間さまから叩かれるのは覚悟のうえ。どんなに叩かれても、命まで取られねぇだろうと思って決断したことだった」

関根が思った通り、これ以後、長崎が首位打者に輝くことはなかった。しかし、田尾にしてもそれは同じだった。

1991年も首位打者争いは苛烈を極めた。

10月1日の時点でセ・リーグの打率トップに立っていたのは中日の落合博満だった。2位のヤクルト・古田敦也とは1分の差があった。

しかし、落合が3試合連続ノーヒットとなり、二人の打率は急接近。ついには古田が落合を逆転してしまう。そして、10月13日の中日とヤクルトの直接対決では、ヤクルトの野村克也監督は古田を休ませ、落合への敬遠を指示した。その結果が1試合6四球という日本記録だった。

「こんなチャンスは人生何度もない。周りが何と言おうと、古田にタイトルを獲らせる」

野村も先の関根と全く同じことを言っている。

残り試合がヤクルト1、中日2となった時点で、古田は落合に4厘差。ところが、落合は広島との最終戦ダブルヘッダーで6打数5安打と爆発し、古田に5毛差をつけて打率1位に返り咲いたのである。こうなれば、古田は最終戦に出ざるを得ない。古田が落合を抜き返すための条件は1打数1安打、2打数1安打、4打数2安打以上。となれば、勝負は第1打席である。第2打席になればプレッシャーはさらに増すからだ。

10月16日、神宮球場。最終戦の相手は広島。先発はサイドスローの足立亘だ。古田は足立の性格と配球傾向から、ストレートにヤマを張った。

初球に狙い通りのストレートが来るが、緊張したのか、これを大きく空振り。2球目に再びストレートが来ると、古田は躊躇することなくバットを振り抜き、打球はきれいに三遊間を抜けて行った。セ・リーグではキャッチャーとしては初の首位打者の誕生である。

野村が何としてでも古田にタイトルを獲らせたかったのは、もちろんプロ2年目の若い古田に自信をつけさせたかったからである。目論見通り、古田は翌シーズン、打率・316、30本塁打、86打点の大活躍で、リードだけでなくバットでも優勝に貢献した。

なお、1991年の最終的な打率は古田が・3398、落合が・3395と、わずか3毛差だった。しかし、過去にこれより僅差で首位打者争いが決着したことがある。

史上最も僅差の首位打者争い

１９７６年のシーズンだ。タイトルを争ったのは巨人・張本勲、ヤクルト・若松勉、中日・谷沢健一の３人。大本命はこの年、日本ハムから優勝請負人として移籍してきた張本だった。パ・リーグでは７度の首位打者に輝いており、経験も実績も群を抜いている。対抗馬と見られたのが若松だった。１９７２年に首位打者獲得の経験があり、３割の常連である。タイトルはもちろん、プロ入りしてからまだ３割を打ったことは一度もない谷沢は大穴というのがスポーツ紙の一致した見方だった。

しかし若松が最初に脱落する。10月11日から４試合で14打数２安打しか打てず、打率は急降下。これで張本の独走かと思われたが、神がかった勢いでヒットを量産し始めたのが谷沢だった。10月10日からの８試合で32打数17安打、打率・５３１と打ちまくり、ついに張本を射程圏内にとらえた。

打率・３５５で日程を終えている張本に対し、谷沢は広島との２試合を残し、打率・３５２。その差が３厘差となったのである。

逆転劇の舞台は10月19日のナゴヤ球場。ダブルヘッダーの第1試合で4打数3安打すれば、張本を抜くことができる。絶好調の谷沢は第1打席、第2打席と連続してレフト前ヒットを放つと、第3打席は「ライトの守備についているときから、記者会見で何を喋るかずっと考えていた」というほど自信たっぷりだった。ところが、あえなく見逃しの三振。

「雑念は捨て、とにかく思い切りバットを振るしかない」

そう思ってバッターボックスに入った第4打席は広島の高橋里志の速球を芯でとらえると、打球はセンター前に弾んだ。これで張本の・3547をわずか1毛上回る・3548。日本のプロ野球史上最も僅差での首位打者獲得となった。

しかし、谷沢のその後は順風満帆ではない。1978年に持病のアキレス腱痛が悪化し、まったく走れない状態になった。さまざまな治療を施したがどれも効果が得られず、最後に頼ったのが日本酒を塗りながらマッサージするという治療法だった。これが功を奏し、1980年に完全復帰すると、以前は巧打者だった谷沢がすっかり強打者に変貌していて驚かされた。この年、打率・369で2度目の首位打者を獲得すると、翌年はプロ野球タイ記録の4打席連続本塁打を放ち、シーズン28本塁打。1984年には打率・329（リーグ2位）、本塁打34本（同4位）、99打点（同2位）と三冠王に匹敵する成績を残している。

日本プロ野球史上、最も僅差の争いとなった1976年のセ・リーグ首位打者争い。制したのは、中日の谷沢健一。2位の巨人・張本勲との差は僅か1毛、厳密に言えば1毛よりも少なく、.00006（6糸）差だった。（写真提供：産経ビジュアル）

逆転名勝負 32

【1972年10月15日】

長池徳二

壮絶なデッドヒートの末、運命の最終戦で逆転ホームラン王

バット一閃、シーズンに30回、40回と打球をスタンドまで運ぶ打者が「ホームランアーティスト」というまるで芸術家のような表現で呼ばれるのは、ホームランにはファンを魅了する何かがあるからだろう。どんなにヒットを重ねてもヒットメーカーという、どこか職人的な匂いがする言葉で語られてしまうのとは対照的だ。

ホームランの魅力の正体はその特権性にある。

外野フェンスを越え、打球がスタンドに飛び込んだ瞬間、グラウンドに散らばった敵チームの野手はなす術がなくなる。せいぜい所在なげにボールの行方を見送るだけだ。打った打者はまるで球場の時間が止まったような世界で、誰にも邪魔されず、少しも急ぐ必要なく、ベース

を一周できるのだから、まちがいなく特権的である。

日本のプロ野球でこの特権的な時間を最も多く味わったのが王貞治である。パ・リーグでは野村克也だった。野村にホームランを打ったときの気分を尋ねると、「そりゃあ、気持ちいいに決まっているよ。兼任監督になってからはすぐに試合のことを考えてないといけないから、余韻に浸る余裕はなかったけどな」と顔がほころんだ。

2人の若き長距離砲

野村は8年連続でホームランキングの座を死守した。しかし王位は自分より一回り若い2人の打者に奪われる。阪急の長池徳二（その後、徳士に改名）と東映の大杉勝男だ。１９６９年からの5年間で長池が3度、大杉が2度ホームラン王に輝いている。１９７０年には野村も42本塁打を放って意地を見せたが、世代交代は明らかだった。

長池と大杉のホームラン王争いが熾烈を極めたのが１９７１、１９７２年の2シーズンである。とりわけ１９７２年は球史に残る大逆転劇となった。

実は、2人には共通点も多い。同じ右の4番打者で、年齢も近い。長池が１９４４年生まれ、大杉が１９４５年生まれ、学年は一つしか違わない。ともに27本塁打を放ってレギュラーを不動のものとしたのは1967年だった。

そして、二人の成長の陰には名コーチの存在があった。

大杉を教えたのは1試合11打点のプロ野球記録も持つ飯島滋弥。「月に向かって打て」の名言で大杉を長距離砲として大成させたエピソードはあまりに有名だ。飯島は他にも「バットを振るのはキンタマだ」の珍言も残している。両太腿で睾丸を締め上げるような感覚でバットを振れば、下半身がぐらつかないということだったようだ。それにしても「月」や「キンタマ」の譬えからは、パ・リーグに野武士が割拠していた時代の懐かしい匂いがしてくる。

一方、長池の師は元巨人のホームラン王、青田昇だ。長池は大学時代に首位打者のタイトルこそ獲得しているが、ホームランは通算でたった3本。典型的な中距離ヒッターだった。しかし、阪急の西本幸雄監督はドラフト1位で入団した長池を日本人の長距離ヒッターに育てようと考え、そのために招聘したのが青田だった。

課題はインコース打ち。上体が前に突っ込む癖を修正し、ボールを引きつけて打つために、長池と青田が二人三脚でたどり着いたのは左肩にアゴを乗せ、腕を思い切り後ろに引いて構える特異なフォームだった。ぼくは長池をオールスター戦で初めて見て、当時の人気怪獣ガメラを連想した。それほどギョロ目を剝いて投手を睨む顔の印象は強烈だった。

最初にホームラン王のタイトルを手中にしたのは長池である。1969年に41本塁打で初のホームラン王に輝いた。しかし、1970年からは大杉が2年連続でタイトルを獲得。しかも1971年は両者のホームラン争いが最終戦までもつれた。

先に日程を終えた大杉が41本塁打でトップ。1本差の長池にはまだ1試合が残っていた。その最終戦で長池はいつもの四番ではなく、トップバッターとして打席を増やす作戦に出た。これが災いしたのか、力みすぎて、6回打席に立ちながら内野安打1本しか打てずに涙を飲んでいる。

戦いはまたもや最終戦に……

翌1972年、長池は雪辱を期してシーズンに臨むがオープン戦で左足を捻挫し、先発メンバーに名を連ねたのは開幕から7試合目。4月を終わった時点では打率・214と低迷し、ホームランどころか長打は1本もなかった。

やっと5月5日に1号が出て、この月、なんとか8本塁打。

対するライバルの大杉は春先から快調に打ち続けた。4月に4本、5月には当時の月間日本タイ記録となる15本のホームランを放った。その後も二人の差は広がるばかりで、7月16日の時点では大杉27本、長池12本。ペナントレースの折り返し前とはいえ、15本差はさすがに逆転不可能な数字に思われた。

ところが、後半戦に入ると、長池のバットが火を噴く。8月に10本を打ち、その差は7本（大杉31本、長池24本）に縮まる。ようやく大杉の背中が見えてきた。

9月に入っても長池の勢いは止まらない。9月28日までに月間14本を放ち、38号。9月に7本しか打てなかった大杉にとうとう肩を並べてしまった。そして、9月最後の試合である30日の西鉄戦で、ついに大杉を抜く39号を放ったのだ。月間15本は4カ月前に大杉もマークした日本タイ記録である。

しかし2人のドラマはこれで終わらない。長池は10月3日の練習中に右足指裂傷の不運に見舞われ、5試合を欠場。片や大杉はこの間に2本打って長池を1本リードして全日程を終了した。このとき長池に残されたのは2試合。しかし、故障明けの西鉄戦はノーヒットに終わり、残された試合は西宮球場のロッテ戦だけとなった。

10月15日が長池にとって運命の日となった。

長池が2本打てば逆転でホームラン王、1本なら大杉とタイトルを分け合うことになる。もし、長池がホームランを1本も打てなければ、大杉の単独での3年連続ホームラン王が確定する。1年前と同じ状況が巡ってきたのである。

長池は前年の失敗を教訓に、急造の一番ではなく、いつも通り四番に座った。

豪快にバットを振り抜く阪急の長池徳二（後に徳士に改名）。青田昇コーチの指導で苦手だった内角球を克服。リーグを代表する強打者に成長し、阪急不動の4番として実働14年で338本のホームランを放った。（写真提供：産経ビジュアル）

2回の第一打席、先発の八木沢壮六（その後ロッテ監督）の際どい外角球をファウルで粘り、フルカウントから甘く入ったスローカーブを左翼席に叩き込む。これで大杉と並ぶ40号。そして、続く打席の4回、同じ八木沢のチェンジアップを弾丸ライナーで左中間スタンド中段に運び41号。ペナントレース前半で15本あった差は、この瞬間に逆転し、今なお破られていない「史上最大の逆転ホームラン王」が誕生した。

長池は「大杉は残念だったろうな」とライバルを想いながら、ゆっくり、ゆっくりベースを回り、特権的な時間に浸った。

それを見守る観客は公式発表によるとわずか3000人。実際にはその半分ほどだったかもしれない。当時の新聞の扱いも驚くほど小さい。信じられないけれど、これが巨人を盟主とする「人気のセ、実力のパ」と言われた時代の現実だった。

しかし、この場に居合わせた観客は幸せだ。敬遠合戦によるファン不在のタイトル争いが当たり前になった昨今、こんな劇的な場面に遭遇する機会はなかなかない。

アメリカの国民的ヒーロー、ベーブ・ルースはこう語っている。

「ファンは、2塁打を3本飛ばすんじゃなくて、ホームランを1本打つのを見に来てるんだ」

この日の長池はまさにファンの願望を叶えてくれるホームランアーティストだった。

逆転名勝負33

【2006年5月27日】

清原和博
失意のどん底で放った意地の一発
通算3度目の逆転満塁弾

清原和博の覚醒剤での逮捕に際してはプロ野球ＯＢの多くが口をつぐんだ。自分の発言によって騒動が拡大し、これ以上プロ野球のイメージを傷つけたくないとの思いだったのだろう。野球ファンも何かを聞きたいとは思わなかった。長嶋茂雄に対し記者が清原逮捕のコメントを求めたことを知ったビートたけしが、思わず吐いた言葉はそれを代弁してくれた。

「そんなバカなこと聞くなよ、長嶋さんに。ふざけやがって」

ＯＢのなかで、一番饒舌だったのが、かつての〝盟友〟桑田真澄である。

桑田は清原の良からぬ噂を耳にするたびに忠告を続け、それが原因で3年前に絶縁状態になってしまったのだという。１９８５年の運命を分けたドラフト以来、日本シリーズ、オール

スター戦、清原のＦＡによる巨人移籍と、二人の人生は何度も交錯しており、その感情は当事者にしかわからない。ただ、記者を前にペラペラ喋る桑田に違和感を覚えた野球ファンは少なくはなかったはずだ。ぼくもその一人である。

逆転満塁弾にも現れた相性の悪さ

今となっては桑田がどんなことを言ったかをほとんど憶えていないのだが、「清原には人生でも逆転満塁ホームランを打ってもらいたい」という言葉だけは鮮明に記憶している。たしかに清原はチャンスに強かった。サヨナラホームラン12本は日本記録のはずだし、逆転満塁ホームランも打っている……。

そう思って調べてみると、清原の逆転満塁ホームランは３本ある。

それも西武、巨人、オリックスと所属した３チームで律儀に１本ずつ打っているところが清原らしい。どこに行っても目立つ星の下にあるとも言えそうだ。

１本目は１９９４年５月13日の西武対近鉄戦だった。

２点ビハインドの４回裏、目の前で三番・佐々木誠が敬遠された二死満塁の場面だった。高村祐の外角直球をうまく流し打った打球はライトスタンドの芝生席に弾んだ。試合は11対５で西武が圧勝している。

2本目は巨人入団4年目、2000年9月19日の広島戦。

1対2で迎えた6回表、先発の山内泰幸から逆転満塁の一発を放った。しかし、このあと巨人の失策や暴投もあって試合はもつれにもつれた。最後はルイス・ロペスのこの日2本目となるサヨナラ2ランが飛び出し、巨人は7対8で敗れ、清原の逆転満塁弾はすっかりかすんでしまった。今振り返れば、清原と巨人というチームとの相性の悪さを象徴するようなゲームだった気がしないでもない。

小学生時代、祖父の膝に抱かれ、「日本一の男になれ」と言われて育った清原にとって巨人はずっと憧れの球団だった。しかも少年時代から傑出した野球の才能に恵まれた清原は、巨人に入って自分が活躍して日本一になることを夢ではなく既定路線のように考えていたに違いない。ところが、高校3年の秋、巨人がドラフトで1位指名したのは桑田だった。

「裏切られた」との想いを抱きながらも、プロ11年目の1996年オフにFA権を行使して巨人に入団する。清原を巡っては阪神との間で争奪戦（阪神が提示した年俸は巨人の3倍だったと言われる）が繰り広げられたが、最後は長嶋茂雄監督の「何も考えずに僕の胸に飛び込んでほしい」という言葉に口説き落とされた。

しかし、巨人で待っていたのはいばらの道だった。

期待に応えられずファンに罵声を浴びせられ、打席に入ると笛や太鼓の応援が止むという屈辱も味わった。結局、度重なるケガもあって満足な活躍はできなかった。巨人時代の9年間で規定打席に足りたのは3度だけ。30本塁打以上も1度しかない。

巨人の球団幹部による解雇通告も理不尽なかたちで行われた。2005年のシーズン真っ盛りの8月、都内のホテルに呼び出され、裏口から誘導されて部屋に入ると、いきなり「来季は契約しないから」。わずか1分で話は終了し、労いの言葉も、解雇に至ったチーム事情についての説明も一切なかった。

このときの悔しさを清原は自伝『男道』（幻冬舎）に痛切に綴っている。

「高校時代につけられた心臓の古傷に、なぜまた錆びたナイフの刃を差し込むのか。どうして、巨人は最後の最後まで僕を痛めつけようとするのか」

用意された男の花道

失意のどん底にあった清原に「花道は俺がつくってやる」と救いの手を差し伸べたのが、この年のオフ、健康状態を理由にオリックスの監督を辞し、球団のシニアアドバイザーに就任したばかりの仰木彬だった。結果的にオリックスのユニフォームに袖を通すのは仰木が世を去っ

2006 年 5 月 16 日、オリックス対横浜（スカイマークスタジアム）。オリックス 3 点ビハインドの 9 回裏一死満塁、四番の清原がクルーンから逆転サヨナラ満塁ホームランを放つ。人生初の逆転満塁サヨナラ弾だった。（写真提供：産経ビジュアル）

た後になったが、翌年、清原は3本目の逆転満塁アーチで鮮やかに最後の花を咲かせる。

２００６年5月27日。

本拠地スカイマークスタジアムに横浜を迎えた交流戦だった。９回裏一死満塁、得点は３対６。マウンド上には横浜の守護神マーク・クルーン。カウント１‐１からの３球目、１５２キロの速球を思い切り叩くと、白球は右中間スタンドに向かって大きな弧を描いた。人生初の逆転満塁サヨナラホームランだった。

「ちょっと頭がパニックや。ホント、こんな日が来るとは思わんかった。……野球をやめんでよかったわ」

お立ち台では興奮が冷めやらず、声が上ずった。

この日の一発で清原のサヨナラホームランは通算で11本となり、野村克也の日本プロ野球記録に並んだ。そして3カ月後にもサヨナラの一発を放ち、単独1位となった。

清原が22年の現役生活で獲得したタイトルは新人王（86年）と最高出塁率（90、92年）と最多勝利打点（88年）くらい。高卒ルーキーとして31本塁打（打率・３０４、78打点）を打ったときは、王のホームラン記録を抜くのはこいつしかいないと思ったものだが、打撃三部門のタイトルにはついに縁がなかった。

清原がタイトルを獲れなかった最大の理由は苦手のインコースを克服できなかったからだと、

しばしば指摘される。清原に限らず、右の強打者の多くは右投手のインコース高めのボールを苦手とする。それを克服するために相手バッテリーの配球を読み、インコースを狙って打つ。それができたのが落合博満や山本浩二だった。

もちろん、清原も相手投手のインコース攻めが分かっているから、インコースを狙う。しかし、「インコースの選球眼が良くないから、インコースにやみくもに反応したのが清原だった」というのが、野村克也の分析である。その結果、インサイドの厳しいボールを避けきれず、デッドボールが増える。そして、デッドボールがらみのトラブルも少なくなかった。

それでも、常にピッチャーに向かっていく清原がぼくは好きだった。日本シリーズのような大舞台で見せるオーラは長嶋に近いものがあった。時代が違っていたら、侍ジャパンの四番を打つ姿も見てみたかった。

通算196死球と通算1955三振はともに日本歴代1位。その一方で、サヨナラホームラン12本、サヨナラ安打20本も歴代1位。

こうした派手な記録が、打撃三部門のタイトルは一つとして獲得していないのに、野球ファンの心を熱くさせた清原和博というプレーヤーの存在感を集約している。

あとがきにかえて

お読みになった方はもうおわかりのように、ぼくはプロ野球を見始めた小学生の頃からの長嶋ファンである。長嶋ファンであって、必ずしも巨人ファンではない。正確には長嶋が巨人のユニフォームを着ている間はずっと巨人を中心に見ていた。

その長嶋を追う旅は１９９４年の「10・8決戦」で一区切りついた気がしたのを昨日のことのように憶えている。

野茂英雄がメジャーリーグへと舟を漕ぎだしたのはその翌年だった。長嶋が２０００年に日本シリーズでＯＮ決戦を制した翌年にはイチローも海を渡り、同じ年のオフに長嶋は監督のユニフォームを脱いだ。長嶋の愛弟子である松井秀喜も２００３年にメジャー挑戦を実現させ、長嶋自身はこの年、日本代表チームの監督としてアジア選手権を突破しアテネ五輪出場を決めている。しかし、本番でユニフォームを着ることはなかった。第１回ＷＢＣが開催されたのはアテネ五輪から２年後の２００６年。そのＷＢＣも２０１７年に第４回を数えた。

「10・8決戦」から四半世紀近い時間が経過し、その間、プロ野球を取り巻く環境はすっかり様変わりした。プロ野球を中継する媒体は地上波からＣＳやＢＳへと多チャンネル化し、メジャーリーグ中継も野球ファンの生活にすっかり溶け込んでいる。ＷＢＣや五輪などの国際大会への関心や興味は年々高まっている。

不思議なもので長嶋の旅が終わった頃から、ぼくはプロ野球の選手や監督に取材を行って本にまとめる機会が増えた。かれこれ20冊以上になるだろうか。そのなかには関根潤三のような長嶋シンパも、野村克也のようにずっと長嶋をライバル視した人もいた。雑誌のためのインタビューも数多くした。さまざまな野球人に会って話を聞くことが、長嶋から少し距離を置いたぼくの次の旅だったのかもしれないと思うことがある。少なくともそのような出会いがなければこの本は書けなかった。

なお、本書は２０１６年に週刊大衆に『スポーツ名場面　奇跡の大逆転劇』と題された連載の中から野球にまつわるエピソード14本を大幅に加筆・修正するとともに、新たに19本を書き下ろして加えたものである。こうして1冊にまとめる機会を与えていただいた彩図社の権田一馬さんにこの場を借りてお礼を申し上げたい。

２０１７年11月
米谷紳之介

■参考文献

『週刊プロ野球セ・パ誕生60年』全50巻（ベースボール・マガジン社）
『月刊長嶋茂雄』全12巻（ベースボール・マガジン社）
『スポーツ伝説シリーズ1　大逆転！』（ベースボール・マガジン社）
『スポーツ20世紀③　プロ野球名勝負伝説』（ベースボール・マガジン社）
『スポーツ・スピリット21⑰　古今東西「ベースボール伝説」』（ベースボール・マガジン社）
関根潤三『いいかげんがちょうどいい』（ベースボール・マガジン社）
若松勉『背番号1の打撃論』（ベースボール・マガジン社）
稲葉篤紀『踊る北の大地』（ベースボール・マガジン社）
大野豊、達川光男『熱烈！　カープ魂』（ベースボール・マガジン社）
川崎徳次『戦争と野球―兵隊にされたプロ野球選手』（ベースボール・マガジン社）
三原脩『風雲の軌跡―わが野球人生の実記』（ベースボール・マガジン社）
野村克也『プロ野球　最強のエースは誰か？』（彩図社）
野村克也『最強の組織をつくる　野村メソッド』（彩図社）
野村克也『女房はドーベルマン』（双葉社）
王貞治『野球にときめいて―王貞治、半生を語る』（中央公論新社）
落合博満『落合博満　バッティングの理屈』（ダイヤモンド社）

村田兆治『哀愁のストレート―もっと速い球を！』（青春出版社）
清原和博『男道』（幻冬舎）
福島良一『日本人メジャーリーガー成功の法則』（双葉社）
宇佐美徹也『プロ野球データブック』（講談社文庫）
新宮正春『プロ野球を創った名選手・異色選手４００人』（講談社文庫）
織田淳太郎編『20世紀完全版　長嶋茂雄大事典』（新潮ＯＨ！文庫）
『ＯＡＫ ＭＯＯＫ４９９「記憶」より「記録」に残る男 長嶋茂雄』（オークラ出版）
青田昇『サムライ達のプロ野球』（ぱる出版）
『プロ野球Ｘファイル「伝説のホームラン」１００連発』（宝島社）
槙原寛己『パーフェクトとＫＯのあいだ』（光文社）
江夏豊『草野球バイブル　江夏の法則』（スキージャーナル）
斎藤隆『自己再生―36歳のオールドルーキー、ゼロから挑戦』（ぴあ）
『プロ野球 伝説の猛牛軍団　近鉄バファローズクロニクル』（スコラマガジン）
『プロ野球 名投手　魂の魔球＆剛球列伝』（スコラマガジン）

■ 著者紹介

米谷紳之介（こめたに・しんのすけ）
1957年、愛知県生まれ。立教大学法学部卒業後、新聞社、出版社勤務を経て独立。1984年、ライター・編集者集団「鉄人ハウス」を主宰。守備範囲はスポーツ、映画、旅、人物。著書に『映画　勇気がわきでるタバコ名場面』（同文書院）、『老いの流儀　小津安二郎の言葉』（環境デザイン研究所）他。構成・執筆を務めた書籍に関根潤三『いいかげんがちょうどいい』（ベースボール・マガジン社）、野村克也『最強の組織をつくる野村メソッド』（彩図社）など多数。

著者近影

プロ野球　奇跡の逆転名勝負33

平成29年12月13日 第1刷

著　者　米谷紳之介

発行人　山田有司

発行所　株式会社　彩図社
東京都豊島区南大塚3-24-4
MTビル　〒170-0005
TEL:03-5985-8213　FAX:03-5985-8224
http://www.saiz.co.jp
https://twitter.com/saiz_sha

印刷所　新灯印刷株式会社

　ISBN978-4-8013-0266-2 C0175